SGT. PEPPER'S LONELY HEARTS CLUB BAND,
DOS BEATLES,
NO CONTEXTO BRASILEIRO

UM ESTUDO DE CASO SOBRE AS ESTRATÉGIAS DE TRADUÇÃO DAS EXPRESSÕES IDIOMÁTICAS

Editora Appris Ltda.
1.ª Edição - Copyright© 2024 do autor
Direitos de Edição Reservados à Editora Appris Ltda.

Nenhuma parte desta obra poderá ser utilizada indevidamente, sem estar de acordo com a Lei n° 9.610/98. Se incorreções forem encontradas, serão de exclusiva responsabilidade de seus organizadores. Foi realizado o Depósito Legal na Fundação Biblioteca Nacional, de acordo com as Leis nos 10.994, de 14/12/2004, e 12.192, de 14/01/2010.

Catalogação na Fonte
Elaborado por: Dayanne Leal Souza
Bibliotecária CRB 9/2162

C837s
2024
	Costa, Juliano
	    Sgt. Pepper's Lonely Hearts Club Band, dos Beatles, no contexto brasileiro: um estudo de caso sobre as estratégias de tradução das expressões idiomáticas / Juliano Costa. – 1. ed. – Curitiba: Appris, 2024.
	    137 p. : il. color. ; 21 cm. (Coleção Linguagem e Literatura).
	
	    Inclui referências.
	    Inclui apêndice.
	    ISBN 978-65-250-6270-9
	
	    1. Tradução e interpretação. 2. Expressões idiomáticas. 3. Linguagem. I. Costa, Juliano. II. Título. III. Série.
	
	    CDD – 418.007

Livro de acordo com a normalização técnica da ABNT

Appris editora

Editora e Livraria Appris Ltda.
Av. Manoel Ribas, 2265 – Mercês
Curitiba/PR – CEP: 80810-002
Tel. (41) 3156 - 4731
www.editoraappris.com.br

Printed in Brazil
Impresso no Brasil

Juliano Costa

SGT. PEPPER'S LONELY HEARTS CLUB BAND,
DOS BEATLES,
NO CONTEXTO BRASILEIRO

UM ESTUDO DE CASO SOBRE AS ESTRATÉGIAS DE
TRADUÇÃO DAS EXPRESSÕES IDIOMÁTICAS

Curitiba, PR
2024

FICHA TÉCNICA

EDITORIAL	Augusto Coelho
	Sara C. de Andrade Coelho
COMITÊ EDITORIAL	Ana El Achkar (UNIVERSO/RJ)
	Andréa Barbosa Gouveia (UFPR)
	Conrado Moreira Mendes (PUC-MG)
	Eliete Correia dos Santos (UEPB)
	Fabiano Santos (UERJ/IESP)
	Francinete Fernandes de Sousa (UEPB)
	Francisco Carlos Duarte (PUCPR)
	Francisco de Assis (Fiam-Faam, SP, Brasil)
	Jacques de Lima Ferreira (UP)
	Juliana Reichert Assunção Tonelli (UEL)
	Maria Aparecida Barbosa (USP)
	Maria Helena Zamora (PUC-Rio)
	Maria Margarida de Andrade (Umack)
	Marilda Aparecida Behrens (PUCPR)
	Marli Caetano
	Roque Ismael da Costa Güllich (UFFS)
	Toni Reis (UFPR)
	Valdomiro de Oliveira (UFPR)
	Valério Brusamolin (IFPR)
SUPERVISOR DA PRODUÇÃO	Renata Cristina Lopes Miccelli
PRODUÇÃO EDITORIAL	Bruna Holmen
REVISÃO	Pâmela Isabel Oliveira
DIAGRAMAÇÃO	Bruno Ferreira
CAPA	João Vitor
REVISÃO DE PROVA	Bruna Santos

COMITÊ CIENTÍFICO DA COLEÇÃO LINGUAGEM E LITERATURA

DIREÇÃO CIENTÍFICA Erineu Foerste (UFES)

CONSULTORES

- Alessandra Paola Caramori (UFBA)
- Alice Maria Ferreira de Araújo (UnB)
- Célia Maria Barbosa da Silva (UnP)
- Cleo A. Altenhofen (UFRGS)
- Darcília Marindir Pinto Simões (UERJ)
- Edenize Ponzo Peres (UFES)
- Eliana Meneses de Melo (UBC/UMC)
- Gerda Margit Schütz-Foerste (UFES)
- Guiomar Fanganiello Calçada (USP)
- Ieda Maria Alves (USP)
- Ismael Tressmann (Povo Tradicional Pomerano)
- Joachim Born (Universidade de Giessen/Alemanha)
- Leda Cecília Szabo (Univ. Metodista)
- Letícia Queiroz de Carvalho (IFES)
- Lidia Almeida Barros (UNESP-Rio Preto)
- Maria Margarida de Andrade (UMACK)
- Maria Luisa Ortiz Alvares (UnB)
- Maria do Socorro Silva de Aragão (UFPB)
- Maria de Fátima Mesquita Batista (UFPB)
- Maurizio Babini (UNESP-Rio Preto)
- Mônica Maria Guimarães Savedra (UFF)
- Nelly Carvalho (UFPE)
- Rainer Enrique Hamel (Universidad do México)

Dedico este trabalho a todos que me apoiaram, em todos os momentos, e me ajudaram a seguir sempre em frente.

AGRADECIMENTOS

Agradeço a Deus pela vida, pela proteção e por sempre me ajudar a restaurar as minhas forças e me guiar por bons caminhos.

Aos meus pais, Inês e Paulo, pelo suporte dado durante todo o mestrado.

A toda a equipe da Editora Appris, por viabilizar a publicação deste projeto, em especial a Renata e a Ângela, pelos contatos iniciais, e a Bruna, por acompanhar o trabalho editorial.

Um agradecimento mais do que especial à minha orientadora, Prof.ª Dr.ª Maria Lúcia Barbosa de Vasconcellos, por ter aceitado a orientação da dissertação, base deste livro, e por toda a ajuda no desenvolvimento da pesquisa e, também, pela paciência e disposição durante as nossas reuniões.

Ao Prof. Dr. Lincoln Paulo Fernandes e à Prof.ª Dr.ª Viviane Maria Heberle, por todo o inestimável apoio e colaboração durante o mestrado na Universidade Federal da Santa Catarina.

Agradeço à Prof.ª Dr.ª Caroline Reis e ao Prof. Dr. Marcos Antônio Morgado de Oliveira, por aceitarem participar da minha banca de defesa, e, também, à Prof.ª Dr.ª Claudia Maria Xatara, por, gentilmente, permitir o acesso à sua tese de doutorado.

Agradeço a todos os amigos da UFSC, pelo apoio e pela amizade.

Ao pessoal do hotel Farol da Ilha, pela ótima hospedagem durante o período de estudos em Florianópolis.

À secretaria da PGET, pelo pronto atendimento e pelos vários esclarecimentos ao longo do curso.

Um agradecimento especial ao grande amigo Roberlei, por me mostrar os caminhos a serem seguidos quando decidi retornar à vida acadêmica. Também gostaria de agradecer às caríssimas professoras Janice Cristine Thiél (*in memoriam*) e Lúcia Maria Kremer pela minha formação e por serem a fonte de inspiração que me levou a área de Estudos de Tradução.

Um superagradecimento ao meu primo, Cesar, pela preciosíssima ajuda com a procura de artigos e livros.

E certamente agradeço a John, Paul, George e Ringo, por criarem as obras que se tornaram a trilha sonora de várias gerações.

PREFÁCIO

É com imensa satisfação e profunda admiração que apresento esta obra, fruto do meticuloso trabalho de pesquisa de um acadêmico cuja trajetória tive o privilégio de acompanhar como professor de Estudos da Tradução na UFSC. Desde seus primeiros passos na academia, Juliano Costa se destacou por sua dedicação incansável, curiosidade intelectual e capacidade de inovar nos campos em que decide adentrar. Este livro, sem dúvida, marca um momento significativo em sua carreira e contribui de forma substancial para os Estudos da Tradução, especialmente no que tange à tradução de canções, um território ainda pouco explorado e repleto de desafios.

A temática escolhida pelo autor reflete não apenas sua paixão pela música e pela cultura, mas também seu compromisso em desvendar e compreender as complexidades envolvidas na tradução de expressões idiomáticas dentro do contexto multimodal das canções. Ao focalizar o emblemático álbum *"Sgt. Pepper's Lonely Hearts Club Band"* dos Beatles, o autor não apenas nos oferece uma análise profunda e meticulosa de um dos pilares da música popular do século 20, mas também ilumina as intrincadas relações entre linguagem, cultura e música, explorando como estas se entrelaçam e se influenciam mutuamente.

Este livro se destaca por sua abordagem inovadora, que combina rigor teórico com uma sensibilidade aguçada às nuances artísticas e culturais das canções. Ao reconhecer o Princípio do Pentatlo, proposto por Peter Low[1], o autor nos apresenta uma nova perspectiva holística sobre a tradução de canções que são, por natureza, peças de performance multimodal. Através de sua análise, o autor não só respeita as características intrínsecas das obras originais, mas também as reinventa, permitindo que elas ressoem em novos contextos culturais e linguísticos.

---

[1] LOW, Peter. Singable translation of songs. **Perspectives**, v. 11, n. 2, p. 87-103, 2003

A importância desta obra para os Estudos da Tradução reside não apenas em sua contribuição teórica para a compreensão das estratégias de tradução de expressões idiomáticas em canções, mas também em seu potencial prático. Ao oferecer novas ferramentas e métodos para enfrentar os desafios da tradução multimodal, o autor amplia nosso entendimento sobre a tradução não só como um exercício linguístico, mas como uma prática cultural e artística. Este livro é, portanto, uma contribuição valiosa não apenas para acadêmicos e estudantes da área de Tradução, mas também para músicos, letristas e todos aqueles interessados na interseção entre linguagem, cultura e arte.

Como alguém que testemunhou o crescimento acadêmico e intelectual do autor desde seus primeiros dias na pós-graduação, posso afirmar que este trabalho é o resultado de anos de estudo dedicado, reflexão crítica e uma busca incessante por conhecimento. É uma obra que reflete não apenas a maturidade intelectual do autor, mas também seu profundo respeito e amor pelas palavras, pela música e pelas infinitas possibilidades que surgem quando esses dois mundos se encontram.

Desta forma, convido os leitores a mergulharem nas páginas deste livro, que promete não apenas esclarecer aspectos pouco explorados da tradução de canções, mas também inspirar novas perguntas, novas pesquisas e, quem sabe, novas formas de entender e apreciar a tradução Musical. Este é um convite para explorar a riqueza e a complexidade da comunicação humana em suas mais diversas formas, sob a visão perspicaz e o trabalho pioneiro do autor.

Uma ótima leitura!

Lincoln P. Fernandes
Professor Associado em Estudos da Tradução
Universidade Federal de Santa Catarina – UFSC

*We were talking - about the space between us all
And the people-who hide themselves behind a wall of illusion
(Within you Without you – George Harrison)*

APRESENTAÇÃO

A tradução de canção é uma área de pesquisa relativamente pouco explorada dentro dos Estudos da Tradução. Uma ilustração para a escassa pesquisa produzida são os trabalhos de Peter Low[2], no contexto internacional, Natanael Rocha[3], Adriana Meinberg[4] e Lauro Meller[5], no contexto nacional, que exploram a tradução de canções para serem *cantadas*, nas quais são conjugados os códigos linguístico e musical. Menos exploradas ainda são as questões ligadas à tradução de letras de música, produzidas apenas para fins de compreensão do material textual pelo leitor/ouvinte do ambiente de chegada, onde a canção é recebida.

Nesse contexto, o presente trabalho investiga as letras das canções dos Beatles de 1967, durante a efervescência dos movimentos sociais dos anos 60, nos quais a obra do grupo representou a forma de pensar, a visão de mundo, os valores, os comportamentos sociais e as atitudes individuais da época. Dentre a produção, foram selecionadas para esta pesquisa as letras das canções de *Sgt. Pepper's Lonely Hearts Club Band*, oitavo disco lançado pela banda britânica, citado frequentemente como um dos melhores e mais influentes álbuns da história do rock e da música, pela crítica e o mercado pop (muitas vezes é considerado o melhor e mais influente de todos).

O foco do estudo é a tradução das expressões idiomáticas (EIs), lexias complexas por seu caráter indecomponível, sua fixidez

---

[2] LOW, Peter. Singable translation of songs. **Perspectives**, v. 11, n. 2, p. 87-103, 2003.

[3] ROCHA, Natanael F. F. **Olha que coisa mais linda**: As Traduções da Canção Garota de Ipanema em Inglês, Alemão, Francês e Italiano sob a Ótica do Sistema de Transitividade. Dissertação (Mestrado em Estudos da Tradução) – Programa de Pós-graduação em Estudos da Tradução, Universidade Federal de Santa Catarina, Florianópolis, 2013.

[4] MEINBERG, Adriana Fiuza. **Tradução e Música**: versões cantáveis de canções populares. Dissertação (Mestrado em Linguística Aplicada) – Instituto de Estudos da Linguagem, Universidade Estadual de Campinas, Campinas, 2015.

[5] MELLER, Lauro. **(Não) Tem Tradução**: as canções de Noel Rosa em inglês, segundo o Princípio do Pentatlo, de Peter Low. Projeto de Pesquisa. Natal: Universidade Federal do Rio Grande do Norte, 2023.

e sentido conotativo, selecionadas por sua alta ocorrência nas letras das canções dos Beatles, de modo geral, e em *Sgt. Pepper's*, de modo particular, e pela dificuldade de sua tradução em função de seus aspectos linguísticos e do seu valor cultural. O objetivo da pesquisa é investigar a tradução das EIs à luz de uma combinação de propostas de categorização oferecidas por pesquisadores nacionais e internacionais.

O quadro teórico em que este estudo se baseia é subdividido em três eixos, a saber: (i) a natureza das expressões idiomáticas em inglês[6]; (ii) a problemática da tradução dessas lexias[7]; e, finalmente, (iii) a especificidade de sua tradução no par linguístico inglês-português brasileiro[8].

Os procedimentos utilizados para o desenvolvimento da pesquisa incluem: (i) estudo sistematizado sobre a natureza e configuração das EIs; (ii) estudo sistematizado de propostas teóricas referentes à categorização das EIs no âmbito de estudos da tradução; (iii) construção de um quadro teórico de categorias a serem usadas na análise dos dados; (iv) identificação manual das EIs no texto-fonte; (v) coleta de dados por meio de identificação manual das traduções propostas para essas EIs; (vi) cotejamento e visualização em forma de quadro; (vii) classificação das ocorrências de tradução conforme quadro de categorias proposto em (iii); (viii) análise e discussão dos dados.

Os resultados da análise apontaram para uma tendência à utilização de paráfrases para a tradução das expressões idiomáticas encontradas nas letras de *Sgt. Pepper's Lonely Hearts Club Band*. Vale ressaltar que esses resultados levaram em conta apenas o material

---

[6] FERNANDO, Chitra. **Idioms and idiomaticity.** Oxford: Oxford University Press, 1996.

[7] BAKER, M. **In Other Words**: A coursebook on translation. 2. ed. London and New York: Routlege, 2011; XATARA, Cláudia Maria. **A tradução para o português de expressões idiomáticas em francês**. Tese (Doutorado em Letras: Linguística e Língua Portuguesas) – Faculdade de Ciências e Letras, Universidade Estadual Paulista, Araraquara, 1998.

[8] TAGNIN, Stella E. O. A tradução de idiomatismos culturais. **Trabalhos em lingüística aplicada**, Campinas, v. 11, n. 1, 1988; FRANCISCO, Reginaldo. **Reis Caolhos e Cajadadas em Coelhos**: a questão da tradução de provérbios e expressões idiomáticas. Dissertação (Mestrado em Estudos da Tradução) – Programa de Pós-graduação em Estudos da Tradução, Universidade Federal de Santa Catarina, Florianópolis, 2010.

textual das canções, não sendo considerados critérios musicais, pois nenhuma das traduções analisadas foi concebida para ser cantada e/ou gravada por algum artista ou banda brasileira.

Este livro é fruto da minha dissertação de mestrado, concluída no ano de 2014, na Universidade Federal de Santa Catarina, sob orientação da Prof.ª Dr.ª Maria Lúcia Barbosa de Vasconcellos, porém, apesar da distância do tempo, a relevância e a importância dos temas abordados ainda se faz presente nos dias atuais; fato esse que motivou e possibilitou a publicação do texto com algumas atualizações para os dias de hoje.

Espero que seja uma leitura agradável e que os estudos aqui apresentados possam contribuir para a geração de novas reflexões sobre os temas discutidos, e que este trabalho possa colaborar para as mais diversas pesquisas dentro dos Estudos de Tradução.

LISTA DE ABREVIATURAS

BHP Beatles HP
EIs expressões idiomáticas
LA língua-alvo
LF língua-fonte
LP Leda Pasta
MB Márcio Borges
PB português brasileiro
SPLHCB *Sgt. Pepper's Lonely Hearts Club Band*
TA texto-alvo
TF texto-fonte

SUMÁRIO

INTRODUÇÃO 21
   JUSTIFICATIVA E RELEVÂNCIA DA PESQUISA 27
   OBJETIVOS E PERGUNTAS DE PESQUISA. 29
   ESTRUTURA DO TRABALHO. 31

CAPÍTULO 1
EXPRESSÕES IDIOMÁTICAS E TRADUÇÃO...................... 33
   1.1. EXPRESSÕES IDIOMÁTICAS (EIs) 33
      1.1.1. NATUREZA DAS EIs. 35
      1.1.2 CONVENCIONALIDADE E IDIOMATICIDADE. 42
      1.1.3. A PROBLEMÁTICA DA TRADUÇÃO DE EIs. 48
      1.1.4. ESPECIFICIDADE DA TRADUÇÃO NO PAR LINGUÍSTICO ... 51

CAPÍTULO 2
ESTRATÉGIAS, PROCEDIMENTOS E TÉCNICAS 59
   2.1. QUADRO DAS DIVERSAS ACEPÇÕES DOS TERMOS "ESTRATÉGIAS", "PROCEDIMENTOS" E "TÉCNICAS" NO ÂMBITO DOS ESTUDOS DA TRADUÇÃO 60
      2.1.1 ESTRATÉGIAS 65
      2.1.2. PROCEDIMENTOS. 71
      2.1.3. TÉCNICAS 73
   2.2. CONCEITO ADOTADO NA PESQUISA 74

CAPÍTULO 3
O ÁLBUM *SGT.PEPPER'S* E A METODOLOGIA EMPREGADA NA PESQUISA 77
   3.1. FONTE DE DADOS: SOBRE *SGT. PEPPER'S LONELY HEARTS CLUB BAND* 77
      3.1.1. A CAPA DO ÁLBUM 81
      3.1.2. A MÚSICA DE SPLHCB 85

3.2. CONSTRUTO TEÓRICO DAS CATEGORIAS A SEREM UTILIZADAS. 87
3.3. PASSOS METODOLÓGICOS PARA COLETA DE DADOS 90
   3.3.1. IDENTIFICAÇÃO MANUAL DAS EIs NO TEXTO-FONTE..... 91
   3.3.2. IDENTIFICAÇÃO MANUAL DAS ESTRATÉGIAS DE TRADUÇÃO..92
3.4. METODOLOGIA PARA A ANÁLISE E DISCUSSÃO DOS DADOS .. 92

CAPÍTULO 4
EXPRESSÕES IDIOMÁTICAS NAS TRADUÇÕES DAS LETRAS DE *SGT. PEPPER'S LONELY HEARTS CLUB BAND* 95
4.1. VISUALIZAÇÃO DAS OCORRÊNCIAS EM QUADROS 96
4.2. ANÁLISE DA FONTE DE DADOS................................... 99
   4.2.1. "Sgt. Pepper's Lonely Hearts Club Band"......................... 100
   4.2.2. "With a Little Help From My Friends" 101
   4.2.3. "Lucy in the Sky with Diamonds"................................. 104
   4.2.4. "Being for the Benefit of Mr. Kite!" 106
   4.2.5. "When I'm Sixty-Four"... 107
   4.2.6. "Lovely Rita".. 109
   4.2.7. "Good Morning Good Morning" 111
   4.2.8. "A Day in the Life" 112
4.3. Resultados da análise 117

CONSIDERAÇÕES FINAIS 119
REFERÊNCIAS.. 123
APÊNDICES... 131

INTRODUÇÃO

A canção, muitas vezes, constitui-se como um gênero multimodal, ou seja, a junção de letra e melodia[9]. Luiz Tatit, em entrevista à revista + *Soma#21*, em dezembro de 2010[10], define canção como: "A fusão de melodia e letra. Todas as vezes que se aborda canção sem ter melodia e letra como núcleo, alguma coisa está errada." Para van Leeuwen[11], a parte musical e a parte discursiva de uma canção durante muito tempo foram tratadas de modo separado (a primeira objeto de estudo da musicologia e a segunda objeto de estudo da linguística). O autor também afirma que, durante o século 20, essa separação foi diminuindo de tal forma que música, discurso e outras sonoridades (tais como gritos, barulhos diversos, vozes humanas e sons da natureza) passaram a ser vistos dentro de um mesmo conjunto de multimodalidade.

Entre as áreas de estudo que envolvem música, existe uma área relativamente nova no âmbito dos Estudos da Tradução conhecida como Tradução de Canção, que tem como um dos seus principais expoentes o professor Peter Low[12], da Universidade de Canterbury, na Nova Zelândia, o qual estabeleceu critérios para a tradução de canções para serem cantadas criando o Princípio do Pentatlo. Segundo esse princípio, para que uma canção traduzida seja "cantável", cinco critérios devem ser respeitados, sendo eles: (1) Cantabilidade; (2) Naturalidade; (3) Ritmo; (4) Rima e (5) Sentido. Low[13] afirma que o critério de Can-

---

[9] Além da letra e da melodia, podemos incluir nesse gênero multimodal o elemento voz, pois a interpretação de quem canta uma canção também contribui para a construção de uma série de significações. Segundo Meinberg (2015, p. 3): "Além disso, pretendo mostrar que essa teia de significações é criada e articulada não somente pelo trabalho de tradução do versionista, mas também — e, porque não dizer, muitas vezes, principalmente — por outras formas de tradução, aquelas realizadas pelo cantor/intérprete e pelo arranjador, que podem atuar e atuam de fato como coautores dessa nova versão, na qual palavra e música/canto assumem outras e diversas (que agradam ou não) intenções sonoras e interpretativas".

[10] SETZ, Raquel. Falando na Canção. **Revista +Soma#21**. 17 dez. 2010, p. 69.

[11] VAN LEEUWEN, Theo. **Speech, Music, Sound**. London: Macmillan, 1999. p. 1.

[12] LOW, 2003.

[13] *Idem*.

tabilidade deve ser priorizado, pois, para o pesquisador, é essencial que a performance de uma canção seja possível na língua-alvo. Para tanto o tradutor deve estar atento à sonoridade de palavras, ou grupo de palavras, além da acentuação, tônica ou átona. Para o critério de Naturalidade, Low afirma que a tradução deve seguir a fluência natural da língua-alvo respeitando o registro e a ordem das palavras do idioma de chegada. Quanto ao critério Rima, o tradutor deve ser flexível em aceitar a perda de algumas rimas, ou mesmo a modificação da posição dessas rimas na tradução, enquanto para o critério Ritmo, a metrificação dos versos exerce importante papel. Já o critério Sentido opera na questão semântica, ou seja, auxilia na decisão de quais itens lexicais podem ser utilizados na tradução, de forma a construir a mesma ideia, ou, ao menos, manter uma imagem próxima a do léxico utilizado na canção-fonte. Hurtado Albir, ao citar Rabadán[14], reforça ainda que o tradutor deve subordinar o código linguístico aos compassos musicais e grupos tonais sincronizando, dessa forma, texto e música.

Nessa linha de investigação, destacamos, no contexto brasileiro, os trabalhos do professor Lauro Wanderley Meller[15], da Universidade Federal do Rio Grande do Norte (UFRN), que desenvolve projeto de pesquisa, junto ao professor Peter Low, com enfoque nas traduções das canções de Noel Rosa.

Também sublinhamos a pesquisa de Adriana Fiuza Meinberg[16], para a sua dissertação de mestrado da Unicamp, que analisou as traduções do português para o inglês no disco Brasil (1987), gravado pelo grupo estadunidense The Manhattan Transfer, com canções de artistas brasileiros como Ivan Lins, Djavan, Milton Nascimento e Gilberto Gil.

Dentre os pesquisadores conhecidos, igualmente destacamos o trabalho de Natanael Rocha[17], da Universidade Federal de Santa Catarina, que desenvolveu pesquisa na área de tradução de canção. O seu trabalho com as traduções da canção *Garota de Ipanema* (1962), de

---

[14] RABADÁN, 1991 *apud* HURTADO ALBIR, A. **Traducción y Traductologia**: Introducción a la Traductologia. Madrid: Editora Cátedra, 2011. p. 92.

[15] MELLER, 2023.

[16] MEINBERG, 2015.

[17] ROCHA, 2013.

Vinícius de Moraes e Tom Jobim, levam em consideração os critérios sugeridos por Low, nas gravações realizadas na língua inglesa, alemã, francesa e italiana[18].

Embora exista essa área de tradução de canções, pouco interesse tem sido demonstrado em relação à tradução das letras dessas canções, para o público que busca, apenas, saber o conteúdo textual das músicas, mesmo existindo uma infinidade de sites da internet, tais como *Vagalume* e *Letras.mus.br*, que tem como principal objetivo divulgar o material escrito por letristas[19] e compositores[20]. Dessa forma, optou-se por isolar o componente textual desse conjunto multimodal de tal forma a permitir a análise direta de um aspecto específico da linguagem da canção com a finalidade de mostrar a um determinado público-alvo o que o artista "quer dizer" na letra de uma música.

Alguns elementos textuais tais como locuções[21], expressões populares e fraseologismos[22], são utilizados por artistas na criação das letras de suas canções. A grande transformação social e cultural ocorrida durante os anos 1960[23] influenciou a maneira de pensar, de agir e de falar da população em geral, além de ter influência direta na criação artística do período. Um dos produtos dessas transformações foi a banda inglesa The Beatles, considerada a banda mais influente da história da música.

Segundo Miles[24], o grupo ajudou a refletir e, também, a catalisar as mudanças sociais ocorridas na década de 1960. Ainda segundo o autor, o grupo abriu caminho para outras bandas como os Rolling Stones, The Who, The Kinks, The Yardbirds, The Animals, Herman's

---

[18] ROCHA, 2013, p. 26.

[19] Segundo Allorto (2007, p. 35), letrista é definido como: "nome dado aos que escrevem os textos (as letras) das canções."

[20] Hal Leonard (1996), em seu *Dicionário Musical de Bolso*, define compositor como: a pessoa que cria, ou compõe, música.

[21] Câmara Jr. (1997, p. 162) define locução como: reunião de dois vocábulos que conservam individualidade fonética e mórfica, mas constituem uma unidade significativa para determinada função.

[22] Segundo Câmara Jr. (1997, p. 122), fraseologia pode ser definida como: estudo das FRASES FEITAS, isto é, fossilizadas em sua forma e seu sentido e usadas no discurso (v.) à maneira de uma locução.

[23] Ver Capítulo 3

[24] MILES, Barry. **O diário dos Beatles**: um retrato profundo da maior banda de todos os tempos. Tradução de Cláudia Coelho. São Paulo: Madras, 2010. p. 5.

Hermits, entre outras, contribuindo para a "Invasão Britânica"; porém nenhuma delas evoluiu tanto quanto os Beatles. Miles[25][26] enfatiza a importância da banda ao associá-la a diversos símbolos arquitetônicos e a personagens do século 20:

> Os Beatles tornaram-se ícones como a Torre Eiffel é para Paris; o Big Ben para Londres; o Empire State Building para Nova York; da mesma forma como um curta-metragem dos discursos de Hitler nos remete ao início da Segunda Guerra Mundial. Como ícones dos anos 1960, temos Harold Wilson, fumando seu cachimbo; Christine Keeler, sentada com as pernas abertas em sua famosa cadeira; e também os Beatles, empunhando suas guitarras em algum palco distante, com o franjão caindo sobre a testa, e fãs enlouquecidas, aos berros, encobrindo suas vozes. A última grande banda em preto e branco.

Segundo artigo de Sérgio Martins e André Toso para a revista *Bravo!* [27]:

> A abrangência do grupo, no entanto, foi além do mundo da música. Eles foram utilizados para levantar o moral da Inglaterra e dos Estados Unidos, devastados por escândalos e tragédias políticas; desenvolveram a indústria do merchandising, que até hoje rende juros e dividendos para os artistas de todos os gêneros; abriram as portas para a música pop inglesa (o termo "invasão britânica" é utilizado até hoje quando algum artista do Reino Unido se aventura no mercado americano); seus ternos estilo Pierre Cardin sem gola e cortes de cabelo cobrindo a ponta das orelhas — que fugiam dos cortes militares vigentes — ditaram moda entre os jovens e os grupos surgidos na década de 60, e eles estiveram praticamente em todas as revoluções e discussões

---

[25] *Ibidem*, p. 7. Tradução de Cláudia Coelho.
[26] Para as obras de Miles (2010) e Turner (2014 [2009]), foram encontradas apenas as traduções de Cláudia Coelho e Alyne Azuma, respectivamente. Não foram encontrados os trabalhos na língua-fonte.
[27] MARTINS, Sérgio; TOSO, André. A cara dos anos 60, 70, 80, 90. **Bravo!**, São Paulo, ED.1, Especial, p. 13, out. 2009.

daquele período do flerte com a cultura oriental às guerras e liberações das drogas.

A riqueza das letras e composições dos Beatles, principalmente após a segunda metade da década de 1960, contribuiu para elevar o pop/rock ao status de arte. As atitudes do grupo ajudaram a retratar o período, além de influenciarem a cultura, a sociedade e a história nas décadas seguintes. Para Fernanda Santos[28], o grupo inglês contribuiu para mudar o comportamento de várias gerações, além de "...transformar a história da música, revolucionar as letras, a forma de compor e de lançar discos, dar um novo encaminhamento ao mercado fonográfico". Revilla[29] também afirma que o grupo se converteu "na revolução cultural mais importante da última metade do século vinte".

A banda teve como auge da sua criatividade, musical e textual, o álbum *Sgt. Pepper's Lonely Hearts Club Band,* considerado por muitos (ver Capítulo 3) como o melhor disco do século 20, por sua inovação musical e textual, com canções repletas de imagens, ambiguidades, jogos de palavra e expressões idiomáticas (ver Capítulo 4).

O interesse pela presente pesquisa foi motivado pelo desafio de se traduzirem expressões e fraseologismos diretamente relacionados à história e à cultura de determinada comunidade linguística, no caso a cultura britânica. A tradução de expressões idiomáticas pode constituir uma grande barreira devido à sua difícil decodificação e ao seu valor conotativo e de construção cultural[30]. Quando essas expressões são utilizadas em um contexto específico, como a letra de uma canção, essas dificuldades se tornam ainda mais salientes, pois o uso desses termos no texto-fonte (TF) pode ter sido motivado por fatores musicais, estilísticos e linguístico-pragmáticos, que podem gerar significações diferentes daquelas consagradas pelo uso. A sua tradução poderá ser influenciada pelos mesmos determinantes,

---

[28] *apud* MARTINS; TOSO, 2009, p. 5.
[29] REVILLA, Jorge L. **The Beatles**: Yesterday's Future. Valencia: Editorial La Mascara, 1994. p. 10.
[30] XATARA, 1998, p. 24.

aplicados aos critérios textuais e discursivos da cultura-alvo, e estes, empregados em consonância com os objetivos do tradutor.

A escolha dos Beatles como objeto de estudo aconteceu também devido ao gosto pessoal deste pesquisador pelas músicas do grupo (também faço parte de uma entre tantas gerações de beatlemaníacos), além da importância histórica da banda que, como apontado acima, é considerada, por muitos, como a mais influente da história do rock e que até os dias de hoje desperta admiração e fascinação em pessoas das mais variadas gerações, conforme afirma Turner[31]:

> Quase quarenta anos depois de os Beatles terem parado de tocar juntos, suas canções ainda significam muito para nós. Para aqueles que cresceram com eles, são como antigos amigos que nunca cansamos de encontrar. Como iluminaram a nossa vida e talvez tenham até ajudado a despertar a nossa curiosidade intelectual e espiritual, nossos sentimentos em relação a eles são sempre afetuosos. Descobrir de onde vieram nos ajuda a descobrir de onde nós mesmo viemos.

O álbum *Sgt. Pepper's Lonely Hearts Club Band* também foi escolhido devido à sua complexidade e importância histórica, não apenas para a banda, mas, conforme veremos no Capítulo 3, para toda a música do século 20. Em 2014, uma das canções do disco, "Lucy in the Sky with Diamonds", foi escolhida como tema de abertura da telenovela "Império", da Rede Globo de Televisão, na voz de Dan Torres[32]. No ano de 2017, o álbum completou 50 anos celebrados com o lançamento de uma versão de luxo contendo quatro CDs, um DVD e um livreto com detalhes do álbum.[33]

---

[31] TURNER, Steve [2009]. **The Beatles:** A história por trás de todas as canções. 4º reimpressão. Tradução de Alyne Azuma. São Paulo: Cosac Naify, 2014, p. 15. Tradução de Alyne Azuma.
[32] Disponível em: http://gshow.globo.com/novelas/imperio/index.html.
[33] Disponível em: https://combaterock.blogosfera.uol.com.br/2017/06/13/edicao-de-luxo-de-sgt-peppers-dos-beatles-tem-4-cds-um-dvd-e-um-livro-de-144-paginas/.

De acordo com Jacídio Júnior[34], do site *Omelete*, o Brasil está entre os cinco países que mais ouvem as músicas de Sgt. Pepper's. Ainda segundo o site:

> Já, fazendo o link com os dias atuais, o Spotify liberou alguns dados referentes a audição de *Sgt. Pepper's Lonely Hearts Club Band* ao redor do mundo. De acordo com o serviço de streaming 50,1% dos ouvintes tem menos de 40 anos. As faixas do disco - desde 24 de dezembro de 2015 — já foram reproduzidos na plataforma por um tempo total de 564 anos.

A relevância e a importância da obra-prima dos Beatles ainda nos dias de hoje, também é destacada por Jon Pareles[35], do *New York Times*, que afirma: "Ao ouvir *Sgt. Pepper* hoje, o que nos vem imediatamente não foi a pressão que os Beatles colocaram em si ou os desafios musicais que eles superaram. É a absoluta improbabilidade de todo o empreendimento que ainda nos faz sorrir 50 anos depois"[36].

JUSTIFICATIVA E RELEVÂNCIA DA PESQUISA

A tradução de expressões idiomáticas (EIs) é de grande importância, pois, sendo a EI uma construção linguístico-cultural, ou como define Xatara, "uma lexia complexa indecomponível, conotativa e cristalizada pela tradição cultural"[37], a investigação de sua tradução para o português brasileiro (PB) pode contribuir para o entendimento do tratamento dado por tradutores a tais lexias, tendo em vista as culturas por meio delas representadas e os aspectos estruturais das duas línguas em contato.

---

[34] JUNIOR, Jacidio. Beatles | 50 anos de Sgt. Pepper's Lonely Hearts Club Band. Omelete, 29 jun. 2018. Disponível em: https://www.omelete.com.br/paul-mccartney/beatles-50-anos-de-sgt-peppers-lonely-hearts-club-band. Acesso em: 7 jan. 2024.

[35] PARELES, Jon. The Beatles' 'Sgt. Pepper's Lonely Hearts Club Band' at 50: Still Full of Joy and Whimsy. **New York Times**, 30 maio 2017. Disponível em: https://www.nytimes.com/2017/05/30/arts/music/beatles-sgt-peppers-lonely-hearts-club-band-anniversary.html. Acesso em: 7 jan. 2024.

[36] *Listening to "Sgt. Pepper" now, what comes through most immediately is not the pressure the Beatles put on themselves or the musicianly challenges they surmounted. It's the sheer improbability of the whole enterprise, still guaranteed to raise a smile 50 years on.* Todas as traduções, das citações encontradas em inglês e espanhol, são de minha autoria.

[37] XATARA, 1998, p. 24.

As condições de produção de tais expressões podem trazer muitos aspectos da história e dos hábitos de várias dessas culturas ao longo do tempo. O tradutor tem um papel fundamental para sua difusão, pois age diretamente na interpretação das EIs, analisando as suas especificidades para, posteriormente, traduzi-las para uma determinada cultura-alvo.

Dessa forma, este trabalho se justifica por buscar oferecer uma reflexão sobre as condições linguísticas, textuais e culturais que envolvem a tradução de EIs em contextos específicos, neste caso em letras de música.

Como já mencionado anteriormente, a decisão de utilizar o álbum *Sgt. Pepper's Lonely Hearts Club Band* foi motivada pela importância do disco e pela riqueza das composições, no que tange tanto à parte musical, que não será o objeto de nosso estudo, como à parte textual, foco deste trabalho, com histórias repletas de imagens, ambiguidades e jogos de palavras.

A complexidade das EIs e a ambiguidade das letras de *Sgt. Pepper's Lonely Hearts Club Band* impõem aos tradutores a necessidade de lançar mão dos mais variados recursos na tentativa de se recriar as letras das canções, ou mesmo as próprias canções, para uma determinada cultura-alvo. Como aponta Hurtado Albir, citando, novamente, Rabadán[38],

> [...] a música moderna é uma linguagem universal e a sua difusão não encontra barreiras em elementos linguísticos estranhos; apenas em determinadas ocasiões algumas canções ou musicais, devido ao seu êxito, são traduzidos para serem cantados por outros cantores ou grupos, ou mesmo para ser cantado pelo mesmo cantor com o objetivo de penetrar determinado mercado[39].

---

[38] RABADÁN, 1991 apud HURTADO ALBIR, 2011, p. 92.

[39] "la música moderna es un lenguaje universal y su difusión no se ve impedida por el elemento lingüístico extraño; sólo en determinadas ocasiones, algunas canciones o musicales, debido a su éxito, han sido traducidos para ser cantados por otros cantantes o grupos, o bien para ser cantados por el mismo cantante con el fin de penetrar en determinado mercado."

Para o propósito da nossa pesquisa, entretanto, não vamos analisar músicas que foram traduzidas para serem cantadas, pois o objetivo dos tradutores foi apenas divulgar o conteúdo textual das canções (ver seção 3.3, no Capítulo 3) sem levar em conta a questão da sua "cantabilidade". Devido a esses fatores, o recorte do nosso trabalho terá como base apenas critérios linguísticos e textuais direcionados somente à letra da canção, sem considerar critérios musicais tais como melodia e prosódia musical[40].

A grande dificuldade durante a coleta de dados foi encontrar traduções "oficiais[41]" dos Beatles que pudessem legitimar a pesquisa. Essa dificuldade se deve a questões legais envolvendo direitos autorais sobre a obra do grupo. Em entrevista ao programa on-line *TV Curioso*, do jornalista Marcelo Duarte, a autora Elaine de Almeida Gomes[42] afirma ser proibida (2min55) a publicação de traduções da banda e que, devido a essas proibições, a sua obra, em coautoria com Leda Pasta, foi transformada de traduções de letra de música para traduções em forma de comentário.

OBJETIVOS E PERGUNTAS DE PESQUISA

Objetivo geral:

- O objetivo da pesquisa será analisar as traduções das expressões idiomáticas (EIs) encontradas nas letras das músicas que fazem parte do álbum *Sgt. Pepper's Lonely Hearts Club Band*, dos Beatles, levando em conta o contexto das composições e as condições de produção das traduções, considerando apenas o texto impresso.

Objetivos específicos:

---

[40] O professor Fernando Lewis de Mattos, da UFRGS, apresenta a seguinte definição de prosódia musical: "O termo prosódia vem do grego '*prosōidía*', que originalmente tinha o significado de 'canto em concordância'; de onde se originaram os sentidos de 'canto acompanhado pela lira' e 'metrificação das palavras'." Disponível em: http://prolicenmus.ufrgs.br/repositorio/moodle/material_didatico/ext_musicalizacao/un71/links/prosodia_musical.pdf.

[41] Utilizamos o termo "oficial" para designar traduções publicadas em livros ou protegidas por direitos autorais.

[42] Projeto e edição do livro *The Beatles – Letras e canções* comentadas em coautoria com a jornalista Leda Pasta.

i. Analisar as novas textualizações das expressões idiomáticas nas letras de *Sgt. Pepper's Lonely Hearts Club Band*;

ii. Descrever as traduções desses termos do inglês para o português brasileiro, de acordo com as estratégias propostas por Baker, Tagnin, Xatara e Francisco[43];

iii. Verificar quais foram as estratégias mais observadas nas traduções;

iv. Observar quais foram as significações produzidas por essas traduções dentro da temática do álbum de modo geral, e das canções, em particular.

A presente pesquisa se iniciou a partir das seguintes Perguntas de Pesquisa (PP):

- PP1: Como as expressões idiomáticas de *Sgt. Pepper's Lonely Hearts Club Band* são textualizadas no contexto brasileiro?

- PP2: Quais são as estratégias mais utilizadas pelos tradutores?

- PP3: Quais os resultados das traduções das EIs para o português brasileiro (PB)?

Para tentar responder a essas Perguntas de Pesquisa, foram desenvolvidos os passos metodológicos apresentados no quadro abaixo e mais bem esclarecidos no Capítulo 3 do livro:

Quadro 1 – Quadro indicativo dos passos metodológicos desenvolvidos na pesquisa:

- Identificação manual das EIs no texto-fonte;
- Coleta de dados por meio de identificação manual das traduções propostas para essas EIs;
- Cotejamento e visualização em forma de quadro;

---

[43] BAKER, 2011; TAGNIN, 1988; XATARA, 1998; FRANCISCO, 2010.

- Classificação das ocorrências de tradução conforme quadro de categorias de estratégia proposto;
- Análise e discussão dos dados.

Fonte: o autor

Ao longo do trabalho, tentaremos refletir a respeito das traduções dessas lexias, ou unidades lexicais[44], e, dessa forma, procuraremos oferecer um maior número de informações para uma possível resposta para as Perguntas de Pesquisa propostas e, assim, buscaremos contribuir para os estudos da tradução por meio de um novo olhar em relação à tradução de canção, de modo geral, e à tradução do material textual de uma canção para fins de compreensão, de modo específico.

ESTRUTURA DO TRABALHO

Após a introdução na qual apresentamos um panorama geral do nosso trabalho, além de mostrarmos os nossos objetivos e perguntas de pesquisa, dividiremos esta obra em outros quatro capítulos, além das considerações finais.

No Capítulo 1, será apresentada a definição e a estruturação das EIs com base nos conceitos de Chitra Fernando[45], Claudia Xatara[46] e Stella Tagnin[47], e serão discutidos os problemas típicos de tradução

---

[44] No *Dicionário de Termos Linguísticos*, volume II (1992, p. 224), encontramos a seguinte definição de lexia: unidade funcional significativa de comportamento linguístico que se opõe ao morfema e à palavra e que assume o papel central na distinção de partes do discurso. A lexia pode ser simples quando coincide com a noção de palavra simples e de palavra derivada da gramática tradicional; pode ser composta quando corresponde à palavra composta da mesma gramática; e pode ser complexa quando corresponde a uma sequência fixa de palavras, como "máquina de escrever", "por os pontos nos is", "andar a cavalo" etc.

[45] FERNANDO, 1996.

[46] XATARA, 1998.

[47] TAGNIN, Stella E. O. **O jeito que a gente diz**: expressões convencionais e idiomáticas – inglês e português. São Paulo: Disal, 2005.

desses termos; serão apresentadas também as propostas de Baker[48], Tagnin[49], Xatara[50] e Francisco[51] para a tradução das EIs.

No Capítulo 2, serão examinadas questões conceituais e terminológicas relacionadas ao entendimento do que se configura como "estratégia", o que se configura como "procedimento" e, também, o que se configura como "técnica" de tradução no âmbito dos quadros teóricos analisados.

No Capítulo 3, será apresentada, de forma mais detalhada, a nossa fonte de dados, além dos passos metodológicos para a seleção das letras das canções e para a identificação, e posterior estudo, das EIs encontradas em cada texto. Também será exposto o quadro de categorias construído especificamente para a presente pesquisa, com base no quadro teórico observado no Capítulo 1, a ser utilizado na análise das traduções das EIs

O Capítulo 4 será dedicado à análise e discussão dos dados a partir do quadro de categorias construído para o presente trabalho. Na sequência apresentam-se as Considerações Finais, nas quais serão retomadas as PPs e serão feitas algumas reflexões sobre os resultados obtidos; serão também discutidas questões que surgiram ao longo da pesquisa e que não mereceram aqui a atenção devida por estarem fora do escopo proposto e que poderão constituir objeto de futuros trabalhos.

---

[48] BAKER, 2011.
[49] TAGNIN, 1988.
[50] XATARA, 1998.
[51] FRANCISCO, 2010.

CAPÍTULO 1

EXPRESSÕES IDIOMÁTICAS E TRADUÇÃO

You gave me the word, I finally heard
I'm doing the best that I can
(Getting Better – Lennon/McCartney)

Após o panorama geral da pesquisa exposto na introdução deste livro, abordaremos, neste primeiro capítulo, questões relacionadas ao referencial teórico em que se baseia este trabalho. Em primeiro lugar, serão discutidos os estudos sobre a construção das expressões idiomáticas e os problemas típicos de sua tradução, conforme apontado na literatura e, na sequência, também será apresentado um leque de soluções tradutórias propostas por diferentes pesquisadores.

1.1. EXPRESSÕES IDIOMÁTICAS (EIs)

Nesta seção analisam-se algumas questões sobre a estrutura e a formação das expressões idiomáticas, além de serem discutidas a sua função em contextos de comunicação, utilizando como base os trabalhos desenvolvidos por Chitra Fernando[52] sobre idiomatismos e idiomaticidade. Conforme afirmam Beatriz F. Camacho e Huélinton C. Riva[53]:

> Em função de sua ampla ocorrência no uso cotidiano da língua (fala, literatura, mídia etc.), é indispensável que se faça um estudo sistemático das construções e dos elementos lexicais constituintes dos idiomatismos.

---

[52] FERNANDO, 1996.
[53] CAMACHO, Beatriz F.; RIVA, Huélinton C. Expressão idiomática: uma unidade fraseológica. *In*: BARROS, L. A.; ISQUERDO, N. A. (org.). **O léxico em foco**: múltiplos olhares. São Paulo: Editora UNESP, 2010. p. 206.

Durante a pesquisa, houve certa dificuldade na definição da nomenclatura utilizada, pois o termo em inglês *idiom* pode ser traduzido para o português tanto como *"expressão idiomática"* quanto como *"idiomatismo".* No contexto brasileiro, os dois vocábulos aparecem, frequentemente, como sinônimos, porém, como veremos posteriormente, a palavra *idiom,* conforme apresentada por A. P. Cowie, R. Macking e I. R. Mcaig[54], Fernando[55], Carter[56], pode se referir a diferentes tipos de expressões multipalavras, culturalmente convencionalizadas, incluindo tanto as expressões semanticamente opacas quanto aquelas consideradas transparentes.

Para evitar qualquer confusão conceitual ou terminológica, opto por usar o termo "expressão idiomática", no sentido restrito da palavra, para referência a expressões multipalavras, de sentido conotativo e semanticamente opacas, embora essa opacidade e conotação possam se apresentar com diferentes graus de complexidade, em sintonia com o discurso teórico do contexto brasileiro[57].

Fernando[58] caracteriza as expressões idiomáticas, doravante EIs, como um tipo de unidade composta (multipalavra), convencionalizada e não literal, que ao longo do tempo foi lexicalizada como uma única palavra por meio do seu uso habitual. Outro aspecto importante para a sua constituição é o seu caráter indivisível, além da pouca, ou nenhuma, possibilidade de variação dos seus elementos, diferenciando-se, dessa forma, de outras combinatórias de palavras. Baker[59] ainda acrescenta que o significado das EIs não pode ser deduzido apenas a partir dos seus componentes individuais.

Para Tagnin[60], uma expressão só é idiomática quando não é transparente, ou seja, o significado de toda a expressão não corresponde

---

[54] COWIE, A. P.; MACKING, R.; MCAIG, I. R. **Oxford Dictionary of English Idioms**. 3. ed. Oxford: Oxford University Press, 1994.

[55] FERNANDO, 1996.

[56] CARTER, Ronald. **Vocabulary**: Applied Linguistics Perspectives. 2. ed. London: Routledge, 1998.

[57] cf. TAGNIN, 2005; XATARA, 1998.

[58] FERNANDO, *op. cit.*, p. 3; 30; 54.

[59] BAKER, 2011, p. 67.

[60] TAGNIN, 2005.

à somatória do significado de cada um dos seus elementos. Podemos afirmar que as expressões idiomáticas são formas fixas e não composicionais cujo sentido foi construído culturalmente, ou como define Xatara[61]:"expressão idiomática é uma lexia complexa indecomponível, conotativa e cristalizada em um idioma pela tradição cultural."

Ainda de acordo com Fernando[62], uma EI só existe devido à tendência das palavras de coocorrerem e para adquirir o status de expressão idiomática deve responder a quatro critérios: (i) as expressões multipalavras devem estar em conformidade com as regras gramaticais da língua; (ii) seus componentes são invariáveis ou fixos; (iii) seu sentido deve ser não literal; e (iv) as expressões multipalavras são codificadas culturalmente, ou seja "a expressão captura algum fenômeno manifestado em uma consciência coletiva"[63].

1.1.1. NATUREZA DAS EIs

Conforme apresentado na seção 1.1, as EIs constituem um dos fenômenos da linguagem mais intrigantes, pois se trata de termos construídos culturalmente e que são caracterizados pela sua opacidade e difícil decodificação. Utilizamos todos os dias uma grande variedade de enunciados típicos da nossa língua materna e que são inerentes ao repertório linguístico de um idioma. Muitos desses enunciados são produtos específicos da comunidade à qual pertencemos e são codificados e cristalizados pelos falantes que fazem parte dessa comunidade[64].

Segundo Xatara[65], uma EI pode ser utilizada de acordo com a situação de comunicação estabelecida por uma norma sociocultural que vai indicar qual enunciado é mais adequado a um determinado ambiente

---

[61] XATARA, 1998, p. 24.
[62] FERNANDO, 1996, p. 33-35.
[63] "the expression captures some phenomenon prominent in the collective consciousness."
[64] FERNANDO, 1996; XATARA, 1998.
[65] XATARA, Cláudia Maria. O resgate das expressões idiomáticas. **Alfa**, UNESP. n. 39, p. 201, 1995.

discursivo, trazendo valores expressivos diversos conforme a expressão utilizada[66]. Segundo afirmam Beatriz F. Camacho e Huélinton C. Riva[67],

> O falante de uma língua lança mão dos idiomatismos com muita frequência, porque, embora as línguas disponham de meios para expressar objetivamente os acontecimentos, os sentimentos, as ideias etc., há a vontade do falante de comunicar experiências de maneira mais expressiva, por meio de combinatórias inusitadas.

Os teóricos Fernando[68], Xatara[69], Carter[70], Tagnin[71], apresentados nesta seção, realizaram estudos rigorosos de EIs que muito contribuíram para a compreensão de sua natureza e de seu uso. De uma maneira geral, esses estudos evidenciaram características interessantes dessas expressões, tais como: (i) sua natureza composicional – as expressões idiomáticas são comumente aceitas como um tipo de expressão multipalavra; (ii) sua institucionalização – as expressões idiomáticas são convencionalizadas, resultando de um uso inicial *ad hoc*[72], institucionalizando-se em estágio posterior; (iii) sua opacidade semântica – o significado de uma expressão idiomática não é a soma de seus constituintes, sendo frequentemente não literal[73]. Carter[74] também caracteriza as EIs apontando três aspectos: (i) são expressões fixas ou não substituíveis; (ii) normalmente possuem mais de uma unidade lexical; (iii) são semanticamente opacas.

---

[66] Xatara (1995, p. 201-202) classifica os valores expressivos da EIs dividindo-os em quatro categorias: a) assertivos; b) eufemísticos; c) enfáticos; d) irônicos.

[67] CAMACHO, Beatriz F.; RIVA, Huélinton C. Expressão idiomática: uma unidade fraseológica. *In*: BARROS, L. A.; ISQUERDO, N. A. (org.). **O léxico em foco:** múltiplos olhares. São Paulo: Editora Unesp, 2010.

[68] FERNANDO, 1996.

[69] XATARA, 1998.

[70] CARTER, 1998.

[71] TAGNIN, 2005.

[72] Para Fernando (1996, p. 250), *ad hoc* são construções "únicas" da língua apropriadas a uma variedade de requisitos da linguagem dos diferentes participantes e situações. Tradução de: "*ad hoc* pieces of language are 'one-offs' appropriate to the varying language requirements of different participants and situations."

[73] FERNANDO, 1996, p. 3.

[74] CARTER, 1998, p. 66.

Chitra Fernando[75] faz um movimento conceitual de considerar a função das EIs em contexto de comunicação, a partir de uma perspectiva discursiva. Esse movimento e essa localização teórica permitem a exploração do papel e da função das EIs em textos e discursos, tanto falados quanto escritos. A pesquisadora adota uma visão discursiva que oferece uma valiosa contribuição para nosso entendimento do papel de EIs na construção de significados interpessoais, na representação do mundo e na criação de efeitos estilísticos.

> Eu tentei dar aos meus estudos sobre expressões idiomáticas e idiomaticidade a perspectiva necessária para estabelecer qual a sua contribuição para a área. Muitos dos assuntos discutidos não levaram e conta as amplas considerações dos teóricos revisados devido a sua maior preocupação com a forma do que com a função. As descrições e análises das expressões idiomáticas apresentadas neste livro têm por objetivo aumentar a nossa compreensão de como os usuários de uma língua desempenham o seu papel de observador/descritor (a função ideacional), interlocutor (a função interpessoal) e pensador (a função relacional), sendo as expressões idiomáticas uma parte significante da lexicogramática necessária para produzir não apenas discursos coerentes, mas discursos que são socialmente aceitos assim como precisos, vivazes e interessantes.[76] [77]

A autora analisa as EIs levando em conta não apenas o seu valor semântico, mas também a sua função dentro do discurso, dividindo o

---

[75] FERNANDO, 1996.

[76] "I have attempted to give my study of idioms and idiomaticity the perspective necessary to establish what its contribution is to the field. Many of the issues discussed have not been concerns of the scholars reviewed largely due to their preoccupation with form rather than with function. The description and analysis of idioms presented in this book aim to enhance our understanding of how language users function in their roles of observer/ reporter (the ideational function), interlocutor (the interpersonal function), and thinker (the relational function), idioms being a significant part of the lexicogrammar necessary for producing not only coherent discourse but also discourse that is socially acceptable as well as precise, lively, and interesting."

[77] FERNANDO, op. cit., p. 25.

que ela chama de *idioms*[78] com base nas três metafunções da linguagem, identificadas por M. A. K. Halliday. Conforme afirma Fernando[79]:

> Eu mantive os termos *ideacional* e *interpessoal* utilizados por Halliday para descrever duas das funções desempenhadas pelos *idioms*, porém substituí o terceiro termo *textual*, significando relações coesas dentro de um texto, pelo termo *relacional*, um termo que engloba mais precisamente as funções conectivas realizadas por esse tipo de *idiom* ao obter tanto coesão como coerência.[80]

Para Halliday e Matthiessem[81], a linguagem atua na criação de significados e na interpretação da experiência humana, ou seja, "não existe faceta da experiência humana que não seja transformada em significado. Em outras palavras, a linguagem fornece uma **teoria** da experiência humana, e certa de que os recursos da lexicogramática de toda linguagem são dedicadas a esta função"[82] [83]. Para o pesquisador, essa interpretação das nossas experiências pode ser chamada de metafunção ideacional (*ideational metafunction*).

Halliday e Matthiessem[84] ainda afirmam que, ao mesmo tempo que interpreta a realidade, a linguagem também a representa em termos de nossas relações pessoais e sociais. Essa representação recebe o nome de metafunção interpessoal (*interpersonal metafunction*): "Se

---

[78] Para essa divisão das EIs, de acordo com as três metafunções da linguagem oferecidas por Halliday (2004), Fernando (1996) utiliza o termo *idiomatic expressions*, como sinônimo de *idioms*.

[79] FERNANDO, 1996, p. 1.

[80] "I have retained Halliday's terms *ideational* and *interpersonal* to describe two of the function idioms perform, but I have replaced the third term *textual*, signifying cohesive relationships within a text, with *relational*, a term which captures more precisely the connective functions carried out by this idiom type in achieving both cohesion and coherence."

[81] HALLIDAY, M. A. K.; MATTHIESSEM, C. M. I. M. **An Introduction to Functional Grammar**. 3. ed. London: Hodder Arnold, 2004.

[82] "there is no facet of human experience which cannot be transformed into meaning. In other words, language provides a **theory** of human experience, and certain of the resources of the lexicogrammar of every language are dedicated to that function."

[83] HALLIDAY; MATHIESSEN, 2004, p. 29.

[84] HALLIDAY; MATHIESSEN, 2004.

a função ideacional da gramática é 'linguagem como reflexão', esta é 'linguagem como ação'"[85] [86].

A metafunção textual (*textual metafunction*) de Halliday[87], a qual Fernando[88] chama de relacional, consiste na construção do texto; na elaboração e organização do discurso, criando nesse texto coesão e continuidade. Conforme afirma o pesquisador:

> Em um sentido esta pode ser considerada uma função capacitadora ou facilitadora, desde que junto com as demais — interpretar a experiência e representar relações interpessoais — dependerá da capacidade de construir sequências de discurso, organizar o fluxo discursivo e criar coesão e continuidade enquanto caminham juntas.[89] [90]

Para Fernando[91], as expressões ideacionais (*ideational idiomatic expressions*) seriam as expressões idiomáticas propriamente ditas, sendo essas o foco de estudo desta pesquisa, representando de forma impressionista aspectos físicos, sociais e emocionais de uma determinada comunidade linguística. Ao tratar do grupo nominal, dentro da função ideacional da linguagem, Halliday[92] afirma que o elemento *Thing* ("Coisa") seria o núcleo semântico desse grupo, que se divide em Nome Comum, Nome Próprio e Pronome. Para o pesquisador, os Nomes Comuns são comuns a uma classe de referentes que nomeiam todos os fenômenos que a língua admite como "coisas" e que atuam como participantes em todo o tipo de processo. O autor ainda sustenta que existem vetores pelos quais as palavras capazes de funcionar como "Coisas" possam ser distribuídas em

---

[85] HALLIDAY; MATHIESSEN, *op. cit.*, p. 30.
[86] "If the ideational function of the grammar is 'language as reflection', this is 'language as action'."
[87] HALLIDAY; MATHIESSEN, 2004.
[88] FERNANDO, 1996.
[89] "In a sense this can be regarded as an enabling or facilitating function, since both the others – construing experience and enacting interpersonal relations – depend on being able to build up sequences of discourse, organizing the discursive flow and creating cohesion and continuity as it moves along."
[90] HALLIDAY; MATHIESSEN, 2004, p. 30.
[91] FERNANDO, 1996.
[92] HALLIDAY; MATHIESSEN, *op. cit.*, p. 325-328).

determinada ordem, em termos gramaticais, sendo, dessa forma, que o potencial funcional desses nomes ou pronomes pode ser indicado pela sua localização em cada um desses vetores. Para o primeiro vetor, que o autor chama de contabilidade (*countability*), as "Coisas" são representadas por meio de nomes contáveis (*count nouns*) e nomes de massa (*mass nouns*), sendo que os primeiros são selecionados de acordo com o número, singular ou plural, e os segundos representam coisas abstratas, mas que também podem se mover para a categoria dos contáveis. O segundo vetor, "Animação" (*Animacy*), diferencia entre coisas conscientes e não conscientes, enquanto o terceiro vetor, Generalidades (*Generality*), se refere à organização taxonômica de nomes e que funcionam de modo coeso, iniciando com nomes mais específicos e dirigindo-se a nomes mais gerais[93].

As expressões interpessoais (*interpersonal idiomatic expressions*) estariam relacionadas ao que Tagnin[94] chama de marcadores conversacionais, exercendo determinadas funções pragmáticas, tais como *acho que talvez, espere ai, está claro?* etc., além de fórmulas situacionais[95] como saudações (bom dia, até logo etc.), votos (Feliz Natal, Feliz aniversário etc.), agradecimentos (obrigado, muito obrigado etc.), entre outras[96].

Fernando[97] ainda identifica as expressões relacionais (*relational idiomatic expressions*) como elementos que possuem uma função coesiva, além de contribuírem para a coerência dentro do discurso, tais como: conectivos, frases preposicionais e frases adverbiais.

Ainda segundo a autora[98], parte dos estudos sobre EIs foi, de certa forma, negligenciada por pesquisadores, e trabalhos realizados anteriormente, tais como U. Weinreich (1969), B. Fraser (1970), A. Makkai (1972) e J. Strassler (1982), concentravam-se principalmente na estrutura desses enunciados e, em poucos casos, na sua construção semântica, deixando

---

[93] Lembramos que Halliday e Matthiessem (2004) desenvolveram a sua pesquisa tendo como base a língua inglesa.
[94] TAGNIN, 2005.
[95] *Idem.*
[96] *Ibidem*, p. 70-86.
[97] FERNANDO, 1996.
[98] *Ibidem*, p. 2-3.

de lado a sua função discursiva. Cláudia Xatara[99] segue as mesmas ideias de Fernando ao mencionar que por muito tempo as EIs estiveram fora dos estudos linguísticos, pois estes marginalizavam a semântica e a pragmática, que são essenciais para o estudo e a compreensão dessas expressões. Conforme afirma a pesquisadora: "Contudo, de modo geral, pode-se dizer que tendo a língua (langue), permanecido por muito tempo o objeto da linguística, os idiomatismos foram automaticamente excluídos por pertencerem, a priori, à fala (parole)" [100].

De acordo com Santos[101], apenas recentemente pesquisadores interessados por questões semânticas, pragmáticas e, também, discursivas começaram estudar mais profundamente esses termos e, assim, buscar as primeiras tentativas de definição dessas expressões. Para Fernando[102], as pesquisas nas décadas de 1960 e 1970 procuravam enfatizar mais a sintaxe, ou seja, a construção das sentenças: "muitos dos trabalhos anteriores sobre expressões idiomáticas se concentraram na sua forma e, em grau menor, na sua semântica negligenciando a sua função discursiva"[103] [104]. Esse longo desinteresse da linguística pode ter contribuído para o pouco espaço dado as EIs nas gramáticas e pela superficialidade da sua definição, encontrada em dicionários gerais.

Outro obstáculo encontrado nesses dicionários gerais é a falta de um critério seguro para a localização das EIs[105], além da dificuldade de delimitação entre o que é e o que não é idiomático. "Na verdade, os dicionários gerais não incluem sistematicamente ou não delimitam com precisão tais lexias" [106].

---

[99] XATARA, 1995.
[100] *Ibidem*, p. 196.
[101] SANTOS, Liliane. Sobre o ensino da tradução das expressões idiomáticas: algumas reflexões. **Caderno Seminal Digital,** Rio de Janeiro, Dialogarts, Ano 18, n. 18, p. 66, jul./dez. 2012.
[102] FERNANDO, *op. cit.*, p. 28.
[103] "much past work on idioms focuses on their form and, to a lesser extent, on their semantics to the neglect of their discoursal functions."
[104] FERNANDO, *op. cit.*, p. 2.
[105] XATARA, 1995.
[106] XATARA, Cláudia Maria; RIVA, Huelinton C.; RIOS, Tatiana Helena. As dificuldades na tradução de idiomatismos. **Cadernos de Tradução,** v. 2, n. 8, p. 187, UFSC, 2001.

Embora existam dicionários que tratem especificamente de expressões idiomáticas, essas obras não oferecem uma teorização satisfatória, além de possuírem um número limitado de exemplos. "Um dicionário nunca vai exaurir o tema com o qual se propôs trabalhar, pois, além de a língua estar em movimento constante (surgem novas palavras, outras caem em desuso), os significados não são estáveis nem fixos"[107].

1.1.2 CONVENCIONALIDADE E IDIOMATICIDADE

Utilizamos no dia a dia algumas expressões e fraseologismos que foram, ao longo do tempo, convencionadas por razões sociais. É comum dizermos "Feliz Natal" para alguém durante o mês de dezembro, ou então pedirmos desculpas por esbarrar em alguém sem querer. Esses termos foram construídos durante anos até serem estabelecidos pelos membros de uma comunidade como normas de boa conduta ou boa educação[108]. Outras expressões foram convencionadas de forma arbitrária na combinação seus elementos, como o termo "cara e coragem", ao invés de "rosto e coragem"[109]. Tais termos podem ter seu sentido depreendido por meio de uma análise linguística dos seus signos, pois são consideradas palavras ou sentenças transparentes. Quando as convenções passam ao nível semântico, entramos no campo da idiomaticidade[110]. É nesse nível que podemos observar a convencionalidade na relação não motivada entre um termo e o significado atribuído a ele.

> Dentro desse grande campo da <u>convencionalidade</u> cabe ainda uma distinção, a distinção entre aquelas expressões que são transparentes e as que não são. Às primeiras chamaremos de expressões <u>convencionais</u>, e às segundas de <u>idiomáticas</u>. Assim, para nossos objetivos, <u>idiomáticas</u> serão apenas aquelas

---

[107] *Ibidem*, p. 183.
[108] TAGNIN, 2005.
[109] *Idem*, 1988.
[110] *Idem*, 2005.

> expressões que não podem ser decodificadas literalmente, ou seja, cujo significado é convencionalizado, não resultando da somatória do significado de seus elementos.[111]

Para Tagnin[112], as expressões de uma determinada língua podem ser convencionais ou idiomáticas dependendo do seu nível de transparência ou opacidade. Segundo a autora, toda expressão idiomática é convencional, mas nem toda expressão convencional corresponde a uma expressão idiomática. Fernando[113] considera que esses termos se formam a partir da tendência das palavras de coocorrerem, inicialmente de maneira *ad hoc* e como novas construções em uma língua para, posteriormente, se lexicalizarem como expressões multipalavra. Conforme afirma a autora[114]:

> Em resumo, enquanto co-occorrências habituais produzem expressões idiomáticas, canônicas e não canônicas, apenas aquelas expressões que se tornaram convencionalmente fixas em sua ordem específica e forma lexical, ou possuem apenas uma condição restrita de variabilidade, adquirem o status de *idioms* e são registrados nos dicionários de expressões idiomáticas como em *bread and butter, footloose and fancy free*. Combinações, mostrando um alto grau de variabilidade como em *pegar o ônibus, pegar o trem*, etc. não são consideradas expressões idiomáticas, embora elas sejam exemplos de idiomaticidade devido a sua co-occorrência habitual.[115]

As EIs são caracterizadas pela sua opacidade, ou seja, seu sentido não pode ser obtido apenas por uma análise linguística dos termos

---

[111] *Idem*, 1988, p. 44.
[112] *Idem*, 2005.
[113] FERNANDO, 1996, p. 37-38.
[114] *Ibidem*, p. 31.
[115] "In sum, while habitual co-occurence produces idiomatic expressions, both canonical and non--canonical, only those expressions which become conventionally fixed in a specific order and lexical form, or have only restricted set of variants, acquire the status of idioms and are recorded in idioms dictionaries as *bread and butter* and *footloose and fancy free*. Combinations, showing a relatively high degree of variability, especially in the matter of lexical replacement such as *catch a bus, catch a train*, etc., are not regarded as idioms, though they exemplify idiomaticity by virtue of habitual co-occurrence."

que as compõem, havendo a necessidade de se considerar, também, fatores extralinguísticos. Por exemplo, a expressão *pôr água na fervura* não pode ser interpretada literalmente, pois seu significado foi historicamente convencionado pela comunidade de falantes brasileiros como acalmar uma situação em que todos estão exaltados ou ainda o termo em inglês *to put oneself out* construído culturalmente com o sentido de esforçar-se ao máximo[116].

As EIs podem ser caracterizadas pela convenção da sua forma linguística, como em *pay the piper*, em inglês, e o seu correspondente em português *pagar o pato*; ambos significam arcar com as consequências. Nas duas expressões, temos a estrutura verbo+objeto e o seu sentido foi semanticamente convencionalizado[117].

O significado de uma expressão pode estar relacionado com a imagem que nossa comunidade faz dela. Em nossa cultura ocidental, podemos usar como exemplo as ideias (noções) do que está "para cima" como algo bom ou "para baixo" como algo ruim[118]. Temos em inglês o termo *ups and downs* e o seu equivalente imagético em português *altos e baixos*, para designar momentos bons e ruins, ou, então, *raise one's spirits* por *levantar o ânimo de alguém*. Existem também conceitos metafóricos como *time is money*, em inglês, e *tempo é dinheiro*, em português, em que a imagem do tempo está relacionada diretamente com a imagem do dinheiro[119].

Tagnin[120] chama algumas expressões de idiomatismos culturais por transmitirem uma informação ligada a determinada cultura. Temos como exemplo a palavra *Halloween*, que se refere a uma festa típica dos Estados Unidos, e em português recebeu a conotação de *Dia das bruxas*.

As EIs podem apresentar níveis diferentes de opacidade semântica, e, segundo Tagnin[121], uma expressão pode ser mais ou menos

---

[116] TAGNIN, 2005, p. 68.
[117] *Ibidem*, p. 64.
[118] *Idem*, 1988.
[119] *Idem*, 2005, p. 66.
[120] *Idem*, 1988.
[121] *Idem*, 2005.

idiomática do que outra dependendo do grau de idiomaticidade de cada um dos seus elementos, podendo ela ser parcial ou totalmente idiomática. Para a autora, o conceito de idiomaticidade está relacionado ao grau de opacidade da expressão, ou seja, quanto mais difícil for a decodificação de uma EI, mais idiomática ela é:

> Por menos idiomáticas entendemos, quer as expressões em que apenas um ou alguns de seus elementos são idiomáticos, quer as expressões metafóricas cuja imagem seja de fácil decodificação. Por totalmente idiomáticas entendemos as expressões em que nenhum de seus constituintes contribui para o significado total da expressão.[122]

De acordo com Fernando[123], o conceito de idiomaticidade (*idiomaticity*) está relacionado à capacidade das palavras de coocorrerem de modo habitual e previsível. Para a pesquisadora, essa idiomaticidade se encontra tanto em colocações habituais (*habitual collocation*) como em expressões idiomáticas, além de serem observadas, também, em sequências lexicogramaticais convencionais observáveis em longos fragmentos textuais.

A autora[124] classifica o que ela chama de *idioms* em três grandes categorias: *pure idioms*; *semi-literal idioms* e *literal idioms*. Para Fernando um *pure idiom* se encaixa na definição de expressão multipalavra, não literal e convencional, enquanto o *semi-literal idiom* possui um ou mais de seus constituintes com sentido literal e ao menos um de seus outros constituintes com sentido não literal. No caso dos *literal idioms*, são mantidas as restrições em relação à sua variação, porém possuem menor complexidade semântica.

Para Xatara[125], podemos dividir as EIs segundo uma escala de abstração em que temos expressões fortemente conotativas e de difícil decodificação, ou seja "sua motivação metafórica só é recuperada com

---

[122] *Ibidem*, p. 67.
[123] FERNANDO, 1996, p. 30.
[124] *Ibidem*, p. 35-36.
[125] XATARA, 1998.

pesquisa diacrônica, já que seu sentido literal está completamente bloqueado pela realidade extralinguística"[126], e expressões fracamente conotativas nas quais existem uma associação entre os elementos de valor conotativo e denotativo. No quadro a seguir, observamos como as três pesquisadoras classificam as expressões idiomáticas.

Quadro 2 – Quadro indicativo da classificação das EIs de acordo com a sua complexidade semântica

Chitra Fernando	Cláudia Xatara	Stella Tagnin
- *Pure idioms*; -*Semi-literal idioms;* -*Literal idioms.*	-Fortemente conotativas; -Fracamente conotativas.	-Expressões de fácil decodificação; -Expressões metafóricas; -Expressões de difícil compreensão; -Expressões totalmente idiomáticas.

Fonte: o autor

Tagnin[127] classifica os graus de idiomaticidade[128], dessas, também, chamadas lexias ou unidades lexicais[129], em quatro grupos. O primeiro grupo é considerado de fácil decodificação, pois o significado da expressão remete quase literalmente à imagem convencionalizada, como no caso de *andar de cabeça erguida* em português e *to hold one's head up* em inglês. O segundo grupo pode ser classificado como de grau menor de idiomaticidade, pois são expressões metafóricas na quais seu significado pode ser denotado por meio da análise das imagens aludidas, como *to have the ball at one's feet* ou *ter/estar com a faca o queijo na mão*, pois, em ambos, temos a noção de controle

---

[126] *Ibidem*, p. 66.
[127] TAGNIN, 2005.
[128] Para Silva (2006, p. 16), a idiomaticidade seria uma característica pragmática devido ao uso das EIs em determinadas situações de comunicação. Segundo o autor: "Quanto a *idiomaticidade*, vimos que é um traço semântico próprio de certas construções fixas cujo sentido não pode estabelecer-se a partir do significado dos elementos componentes de sua combinação. Sendo uma característica de ordem pragmática e utilizada em determinadas situações comunicativas, a *idiomaticidade* também existe em diferentes graus, como acontece com a fixação" (Silva, 2006, p. 19).
[129] XATARA, 1998, p. 24.

da situação. No terceiro grupo, a percepção da lexia se torna mais difícil, pois não é possível compreendê-la apenas remetendo a sua imagem, como no caso da expressão em inglês *to burn the candle at both ends* significando "trabalhar em excesso", na qual apenas após o conhecimento do seu sentido é possível encontrar certa relação entre o termo e a imagem. "Pode estar baseada numa imagem cristalizada, isso é, a expressão pode ter sido originalmente metafórica, mas é hoje entendida como um todo"[130]. No quarto e último grupo, teríamos as expressões idiomáticas propriamente ditas, como nos termos *to chew the fat* (bater papo), em língua inglesa, ou *estar no papo* (fácil de ser superado, ou ter algo garantido), em português, pois não há qualquer relação entre a imagem e o seu significado tornando-se quase impossível remeter o sentido da expressão a algum referencial imagético.

> Vemos então que, quando a expressão deixa transparecer a relação entre seu significado e a imagem aludida, temos as expressões metafóricas. Quando, entretanto, não se pode mais recuperar essa relação, teremos as expressões idiomáticas propriamente ditas, de sentido totalmente arbitrário[131].

Para fins de análise das EIs encontradas na nossa fonte de dados, utilizamos a classificação adotada por Stella Tagnin[132], no que concerne ao grau de opacidade semântica (ou "idiomaticidade") observado nas expressões identificadas. A escolha por essa classificação se deve à sua ampla categorização dos vários tipos de EIs existentes, oferecida pela autora, assim como por apresentarem uma maior clareza para compreensão da classificação proposta.

Nesta seção apresentamos algumas definições de expressões idiomáticas e verificamos de que forma essas lexias se estruturam

---

[130] TAGNIN, *op. cit.*, p. 68.
[131] *Ibidem*, p. 69.
[132] *Idem*, 2005.

a partir das pesquisas de Chitra Fernando[133], Cláudia Xatara[134] e Stella Tagnin[135].

Nas subseções 1.1.3 e 1.1.4, serão discutidas, respectivamente, algumas dificuldades encontradas na tradução de expressões idiomáticas e observaremos as estratégias propostas pelos autores revisados para a recriação desses fraseologismos de uma determinada língua-fonte (LF) para uma determinada língua-alvo (LA).

1.1.3. A PROBLEMÁTICA DA TRADUÇÃO DE EIs

A subseção anterior mostrou a existência de grande dificuldade em classificar e delimitar o que é e o que não é expressão idiomática, principalmente devido aos diferentes graus de complexidade semântica e de conotação das EIs. Essa dificuldade pode ser observada até mesmo em dicionários específicos da área. No *Oxford Dictionary of English Idioms*[136], as EIs *são categorizadas em pure idioms, figurative idioms*, colocações restritas (*restricted collocations*) e colocações abertas (*open collocations*).

A subseção 1.1.1. discutiu a similaridade entre essa preocupação e aquela de Chitra Fernando[137], que divide as EIs em categorias diferentes, classificando-as de acordo com o seu grau de variabilidade em: *pure idioms, semi-literal idioms* e *literal idioms*. Conforme vimos na subseção anterior, Tagnin[138] divide as expressões típicas de uma determinada língua em expressões convencionais e expressões idiomáticas.

A complexidade nos estudos e na compreensão das expressões idiomáticas torna a tradução dessas lexias um grande desafio para os tradutores, pois, além de um profundo conhecimento semântico-pragmático da língua-fonte, assim como da língua alvo, se faz necessária uma grande noção de fatores sócio-histórico-culturais

---

[133] FERNANDO, 1996.
[134] XATARA, 1998.
[135] TAGNIN, 2005.
[136] COWIE, A. P.; MACKING, R.; MCAIG, I. R. **Oxford Dictionary of English Idioms**. 3. ed. Oxford: Oxford University Press, 1994.
[137] FERNANDO, *op. cit.*, p. 32.
[138] TAGNIN, 2005.

dos idiomas de trabalho. Conforme Xatara[139] descreve, cada língua está diretamente relacionada à história de um povo, ou seja:

> Ela organiza o seu ideário mental e determina assim sua maneira de conceber o mundo objetivo. Dessa forma, a língua de cada povo revela sua visão de mundo, isto é, é através dela que a comunidade linguística classifica e ordena os dados da realidade, da cultura com que ela peculiarmente se conjuga[140].

Outra dificuldade está na identificação e na interpretação das EIs. Muitas vezes o tradutor pode ser levado a interpretar e traduzir uma expressão de forma distorcida, alterando o significado do termo na língua-fonte e produzindo, na tradução, uma ideia bastante diferente do texto de origem. Para Mona Baker, essas dificuldades se relacionam principalmente a duas ideias centrais.

> A habilidade de reconhecer e interpretar uma expressão idiomática corretamente; e as dificuldades envolvidas em traduzir os vários aspectos do significado que uma expressão idiomática ou expressão fixa pode transmitir para a língua-alvo[141] [142].

Por estar lidando com termos construídos culturalmente e de valor conotativo, o tradutor pode dispor de uma gama de recursos a serem empregados nas diversas situações discursivas em que se deparar com uma EI. Para Xatara[143], deve-se levar em conta, também, o tipo de correspondência semântica entre línguas diferentes e o uso dessas expressões dentro de cada contexto de comunicação, considerando o grau de relação entre emissor e receptor, a diversidade entre a língua falada e a língua escrita, além de questões sociolinguísticas. Essa relação indissociável entre linguagem e contexto remete, também, aos estudos sistêmico-funcionais de M.A.K. Halliday, J.R. Firth

---

[139] XATARA, 1998.
[140] BIDERMAN *apud* XATARA, 1998, p. 74.
[141] "The ability to recognize and interpret an idiom correctly; and the difficulties involved in rendering the various aspects of meaning that an idiom or a fixed expression coveys into the target language."
[142] BAKER, 2011, p. 68.
[143] XATARA, 1998, p. 72.

e Bronislaw K. Malinowskin, salientado por Bache[144], que retoma esses pesquisadores ao afirmar que:

> No seu modo de pensar, a linguagem deve ser vista em seu contexto cultural e social: a linguagem não é apenas uma parte integrante de um contexto maior na qual ela é utilizada, o contexto é refletido e moldado na linguagem de forma significativa. Então a linguagem está sempre no contexto e o contexto está sempre na linguagem. É por esse motivo que a linguagem tende a ser considerada uma 'semiótica social', em LSF, e, também, porque a linguagem é definida mais especificamente como um comportamento social proposital, ou seja, como uma forma de alcançar certo objetivo de comunicação.[145]

Além de ter de lidar com as dificuldades de identificação e interpretação das EIs e da sua utilização em determinado contexto, tanto na língua-fonte como na língua-alvo, o tradutor precisa também enfrentar outros obstáculos concernentes a estrutura lexicogramatical e semântica das expressões, encontradas em sistemas linguísticos distintos, e que podem induzi-lo a uma tradução insatisfatória. Como menciona Baker[146]:

> Um idiomatismo ou expressão fixa pode não ter equivalente na língua alvo. A forma como uma língua escolhe expressar, ou não expressar, vários significados não pode ser prevista e, apenas, ocasionalmente se encaixa na maneira que outra língua escolhe expressar o mesmo significado. Uma língua pode expressar um determinado significado por meio de uma única palavra, uma segunda língua pode expressá-lo por meio de uma expressão fixa transparente, e uma terceira língua pode expressá-lo por meio de uma expressão

---

[144] BACHE, Carl. Hjelmslev's Glossematics: A source of inspiration to Systemic Functional Linguistics? **Journal of Pragmatics**, v. 42, n. 9, p. 2564, 2010.

[145] "In their way of thinking, language must be seen in its social and cultural contexts: not only is language an important integrated part of the larger context in which it is used, context is reflected and shaped in language in important ways. So language is *always in* context, and context is always *in language*. This is why language tends to be considered a 'social semiotic' in SFL and why language is defined more specifically as purposeful social behaviour, i.e. as a means to achieve certain communicative goals."

[146] BAKER, *op. cit.*, p. 71.

idiomática e assim por diante. É irreal, portanto, esperar encontrar equivalência de uma expressão idiomática ou outra expressão em uma determinada língua-alvo de forma constante.[147]

Outro problema é a similaridade de algumas expressões em duas culturas diferentes. Temos como exemplo o termo *kick the bucket* em inglês e a expressão *chutar o balde* em português, que, embora uma possa ser considerada tradução literal da outra, são utilizadas em situações completamente diferentes, sendo que a EI em inglês significa *morrer*, enquanto o termo em português é utilizado quando alguém desiste de lutar por algo ou quando alguém põe "tudo a perder"[148]. Isso pode ser percebido também em linguagem não verbal, como o gesto de encontrar o dedo polegar com o indicador, deixando os demais dedos esticados, que nos países de língua inglesa significa "OK" ou "tudo certo" e em português é um gesto obsceno[149].

1.1.4. ESPECIFICIDADE DA TRADUÇÃO NO PAR LINGUÍSTICO

Nesta subseção, serão tratadas as soluções tradutórias propostas por Baker[150], Xatara[151], Tagnin[152] e Franscisco[153] para a recriação das expressões idiomáticas para uma determinada cultura-alvo.

---

[147] "An idiom or fixed expression may have no equivalent in the target language. The way a language chooses to express, or not express, various meanings cannot be predicted and only occasionally matches the way another language chooses to express the same meanings. One language may express a given meaning by means of a single word, another may express it by means of a transparent fixed expression, a third may express it by means of an idiom, and so on. It is therefore unrealistic to expect to find equivalent idioms and expressions in the target language as matter of course."

[148] TAGNIN, 2005, p. 62.

[149] *Ibidem*, p. 65.

[150] BAKER, 2011.

[151] XATARA, 1998.

[152] TAGNIN, 1988.

[153] FRANCISCO, 2010.

Ao traduzir uma EI, pode-se dispor de uma gama de soluções que devem levar em consideração não apenas a estrutura da expressão em si, mas, principalmente, o seu contexto de uso[154].

Embora, em alguns casos, seja possível encontrar expressões correspondentes, principalmente em línguas faladas por comunidades de uma mesma origem cultural[155], nem sempre essa correspondência será observada, sendo necessário o uso de uma série de artifícios para se obter um bom resultado tradutório.

Esses enunciados são utilizados nas mais diversas situações de comunicação, e a estratégia aplicada na tradução de cada termo vai depender, além de fatores como estilo, registro e efeito de sentido na língua-alvo, do tipo de texto com o qual o tradutor vai desenvolver o seu trabalho, conforme afirma Mona Baker[156]:

> A forma como uma expressão idiomática ou expressão fixa pode ser traduzida dentro de outra língua depende de muitos fatores. Não é apenas uma questão de existir uma expressão idiomática com significado similar na língua-alvo. Outros fatores incluem, por exemplo, a significância do item lexical específico que contribui para a construção da expressão idiomática, ou seja, se eles são manipulados em outro ponto na língua-fonte, se verbalmente ou visualmente, assim como, se o uso de uma linguagem idiomática em um determinado registro na língua-alvo é apropriado ou inapropriado. A aceitação ou não aceitação do uso de qualquer das estratégias descritas abaixo dependerá, portanto, do contexto para o qual uma determinada expressão idiomática será traduzida. A primeira estratégia descrita, de encontrar uma expressão idiomática de significado e forma semelhante na língua-alvo, pode parecer oferecer a solução ideal, mas esse não será necessariamente sempre o caso.

---

[154] BAKER, 2011.
[155] XATARA, 1998, p. 73.
[156] BAKER, *op. cit.*, p. 75-76.

> Questões de estilo, registro, e efeito retórico devem também ser levadas em consideração.[157]

Dentre as várias ações que podem ser aplicadas na tradução de expressões idiomáticas, são apresentadas algumas sugeridas por Baker[158], Tagnin[159], Xatara[160] e Francisco[161]. Essas soluções tradutórias são denominadas por Xatara[162] "mecanismos de tradução", enquanto Tagnin[163], Francisco[164] e Baker[165] optam pelo termo estratégia (ver Capítulo 2).

Em Baker[166], encontramos sete dessas estratégias de tradução:

1. *Utilização de uma expressão idiomática de significado e forma similares*: Quando a expressão na língua-alvo transmite, praticamente, o mesmo significado da língua-fonte, mantendo os mesmos itens lexicais. Podemos usar como exemplos os termos em inglês *ups and downs* e *to hold one's head up*, que podem ser traduzidos, respectivamente, para o português por *altos e baixos* e *andar de cabeça erguida*[167].

---

[157] "The way in which an idiom or a fixed expression can be translated into another language depends on many factors. It is not only a question of whether an idiom with a similar meaning is available in the target language. Other factors include, for example, the significance of the specific lexical items which constitute the idiom, that is whether they are manipulated elsewhere in the source text, whether verbally or visually, as well as the appropriateness or inappropriateness of using idiomatic language in a given register in the target language. The acceptability or non-acceptability of using any of the strategies described below will therefore depend on the context in which a given idiom is translated. The first strategy described, that of finding an idiom of similar meaning and similar form in the target language, may seem to offer the ideal solution, but that is not necessarily always the case. Questions of style, register, and rhetorical effect must also be taken into consideration."
[158] BAKER, 2011.
[159] TAGNIN, 1988.
[160] XATARA, 1998.
[161] FRANCISCO, 2010.
[162] XATARA, 1998.
[163] TAGNIN, 1988.
[164] FRANCISCO, 2010.
[165] BAKER, 2011.
[166] *Ibidem*, p. 76-86.
[167] TAGNIN, 2005.

2. *Utilização de uma expressão idiomática de significado semelhante, mas forma diferente*: Neste caso são utilizadas na língua-alvo expressões constituídas por itens lexicais diferentes, mas com significado próximo ao da língua-fonte. Enquanto em português dizemos que "está chovendo canivetes", quando enfrentamos uma chuva torrencial, em inglês dizemos que está chovendo "gatos e cachorros", e em galês a chuva é de "idosas e bengalas"[168].

3. *Empréstimo de uma expressão idiomática da língua-fonte*: Quando o termo na língua-fonte não é traduzido para a língua-alvo. Um bom exemplo é o termo *Halloween*[169], que, *embora seja uma festa tradicional americana, é bem conhecida pelos brasileiros*[170], e, em muitas traduções, o tradutor pode optar por manter a palavra em inglês, no texto-alvo.

4. *Tradução por paráfrase*: Considerada por Baker a mais comum, sendo utilizada quando não encontramos correspondência entre expressões idiomáticas de culturas diferentes ou quando, por razões estilísticas, uma tradução idiomática não é adequada ao texto-alvo.

5. *Tradução por omissão de um jogo de palavras em uma expressão idiomática*: O tradutor opta por uma tradução literal da expressão de origem, sacrificando, dessa forma, o seu significado idiomático na língua de recepção.

6. *Tradução por omissão de toda a expressão idiomática*: Nesse caso, toda a expressão é "apagada" na tradução, principalmente por razões estilísticas e, também, por não ser possível uma paráfrase ou o uso de uma EI correspondente na língua-alvo.

---

[168] Palmer (1976) explica que em gales, chove "idosas e bengalas" ao invés de "gatos e cachorros", e, ainda assim, na maioria da vezes, ambas as expressões significam a mesma coisa nas mesmas situações de usos (Baker, 2011, p. 72). Tradução minha de Palmer (1976): *explains that in Welsh it rains 'old women and sticks' rather than 'cats and dogs', and yet to most intents and purposes both expressions mean the same thing.*

[169] Tagnin (1988) chama de idiomatismos culturais expressões como *halloween, labor day, kelly green* etc., por transmitirem um dado cultural, o qual não pode ser decodificado literalmente para os falantes brasileiros.

[170] TAGNIN, 1988.

7. *Estratégia da compensação*: O tradutor poderá, em um texto, omitir ou substituir a expressão da língua-fonte por um enunciado não idiomático na língua-alvo. Uma nova EI poderá ser utilizada em outro ponto do texto-alvo, evitando, dessa forma, uma perda total de significado e mantendo, assim, o efeito de estilo do texto-fonte.

Tagnin[171] sugere seis estratégias de tradução para o que ela chama de idiomatismos culturais:

1. *Manter a expressão na forma original;*
2. *Manter a expressão na forma original, acrescida de nota explicativa;*
3. *Traduzir literalmente;*
4. *Traduzir literalmente, acrescentando nota explicativa;*
5. *Explicitar a expressão no texto*, ou seja, traduzir a EI por um termo que explique, no próprio texto, o significado da expressão;
6. *Empregar um equivalente pragmático*, quando não houver o mesmo referente da cultura-fonte na cultura-alvo, mas a sua função puder ser exercida por outro referente.

Para Xatara[172], as expressões idiomáticas, na impossibilidade de se encontrar uma equivalência lexical e idiomática completa[173], podem ser traduzidas por meio de três mecanismos:

i. Primeiro, quando a expressão na língua-fonte não possuir um equivalente lexical total, porém a sua idiomaticidade, estrutura e efeito de sentido forem preservados, pode-se traduzir por uma expressão idiomática semelhante encontrada na língua-alvo.

ii. Segundo, quando não existir equivalência lexical e estrutural, além de ocorrer uma mudança no efeito de sentido, porém

---

[171] TAGNIN, 1988.
[172] XATARA, 1998, p. 78.
[173] Xatara (1998, p. 77) afirma que: "Como já dissemos, nunca nada será rigorosamente literal em tradução, em decorrência de se poder conseguir literalidade quanto à forma, mas nunca quanto ao conteúdo."

mantendo a idiomaticidade da expressão da língua-fonte, na língua-alvo, a tradução poderá ser realizada por meio de uma expressão idiomática diferente.

iii. No terceiro caso, quando não houver nenhum tipo de equivalência, e não for possível manter a idiomaticidade da expressão, a tradução pode ser efetuada por meio de uma paráfrase.

No segundo e no terceiro caso, pode-se recorrer a equivalentes pragmáticos[174] por não existirem os mesmos referentes da língua-fonte na língua-alvo, mas a sua função puder ser exercida por outro referente. A pesquisadora[175] também afirma que, embora possível, a tradução literal é bem menos frequente.

Levando em conta esses mecanismos propostos por Xatara, Santos[176] classifica a tradução de EIs de quatro formas:

i. expressões idiomáticas idênticas, quando as expressões possuem mesma forma, mesmo sentido e mesma situação de uso;

ii. expressões idiomáticas parafraseáveis, para as expressões com forma diferente, porém mesmo sentido e mesma situação de uso;

iii. expressões idiomáticas reconhecíveis, nos casos em que não for possível encontrar um correspondente exato, mas o sentido da expressão for recuperado na tradução;

iv. expressões idiomáticas intraduzíveis, quando for necessário explicar ou explicitar a EI na cultura-alvo.

Francisco (2010) nos apresenta um número ampliado de estratégias, utilizando-se de 10 possibilidades tradutórias para as EIs. Além da Tradução por paráfrase[177] e das estratégias de Tradução por omissão e compensação oferecidas, também, por Baker[178], Francisco[179] oferece as seguintes soluções tradutórias:

---

[174] XATARA, *op. cit.*, p. 79.
[175] *Ibidem*, p. 77.
[176] SANTOS, 2012, p. 77.
[177] BAKER, 2011; XATARA, 1998.
[178] BAKER, 2011.
[179] FRANCISCO, 2010, p. 94-115.

1. *Tradução por correspondente literal:* Quando encontramos uma expressão idiomática, na língua-alvo, correspondente a da língua-fonte tanto no seu significado quanto nos seus elementos lexicais e estruturais;

2. *Tradução literal:* Estratégia proposta também por Tagnin[180] e utilizada quando não existe a correspondência mencionada no item anterior, na cultura-alvo, sendo efetivada apenas uma tradução lexical;

3. *Tradução por figura de linguagem não consagrada:* Diferencia-se da tradução literal, por ser necessária uma adequação estilística na língua-alvo, evitando, dessa forma, a construção de um termo agramatical. Nessa solução, porém, a expressão perde seu sentido conotativo e, consequentemente, o seu valor idiomático.

4. *Tradução da letra:* Nessa estratégia o tradutor pode tentar recriar no texto-alvo, a imagem e o sentido da expressão idiomática da língua-fonte, por meio da criação de uma expressão não canônica na cultura de chegada. Segundo Francisco[181]:

   > O principal efeito perseguido por essa estratégia é que o leitor reconheça se tratar de um provérbio ou EI, compreenda que o seu sentido é conotativo, mas perceba se tratar de um fraseologismo desconhecido, estrangeiro, novo, sentindo certo estranhamento pela imagem figurada diferente daquela correspondente em sua língua, à qual está habituado.

5. *Tradução por correspondente não literal:* Segundo Francisco, essa estratégia é a mais indicada por pesquisadores, pois o tradutor pode traduzir por meio de uma expressão idiomática formada por elementos lexicais e estruturais diferentes, porém com um sentido semelhante a expressão da cultura-fonte e que pode ser utilizada no mesmo contexto de

---

[180] TAGNIN, 1988.
[181] FRANCISCO, *op. cit.*, p. 101.

uso. Tagnin[182] utiliza uma solução similar a qual ela chama de *Equivalência Pragmática*, quando a função do referente da língua-fonte puder ser exercida por outro referente da língua-alvo criando-se na tradução imagem e sentido próximo ao vivenciado pela cultura-fonte.

6. *Tradução por correspondente adaptado:* Utilizada mais na recriação de provérbios do que em EIs, devido à necessidade de se utilizar um grande número de componentes textuais, pois consiste em mesclar, na língua-alvo, elementos idiomáticos correspondentes da língua de partida com equivalentes literais da expressão da cultura-fonte.

7. *Tradução por criação de correspondente:* Pode ser um recurso utilizado para a tradução de provérbios e consiste em criar um enunciado totalmente novo na língua-alvo, porém mantendo as características da sentença da língua-fonte. Segundo Francisco[183]: "Bem mais difícil seria pensar em um exemplo com EIs, embora em tese a estratégia também poderia ser estendida a elas, considerando as características em comum dos dois tipos de fraseologismo."

Neste primeiro capítulo, discutimos sobre a caracterização das expressões idiomáticas e a problematização concernente à sua tradução, além de apresentarmos uma diversidade de soluções tradutórias propostas por diferentes pesquisadores. No capítulo seguinte, serão expostas algumas questões referentes à confusão conceitual e terminológica que circunda o uso de "estratégias", "procedimentos" e "técnicas" no âmbito dos estudos da tradução, para na sequência serem definidos o(s) termo(s) utilizado(s) na análise da fonte de dados desta pesquisa.

---

[182] TAGNIN, 1988.
[183] FRANCISCO, 2010, p. 109.

CAPÍTULO 2

ESTRATÉGIAS, PROCEDIMENTOS E TÉCNICAS

I'm fixing a hole where the rain gets in
And stops my mind from wandering
Where it will go
(Fixing a Hole – Lennon/McCartney)

Neste capítulo, serão examinadas algumas questões conceituais e terminológicas relacionadas à nomenclatura empregada para o uso das soluções tradutórias apresentadas no Capítulo 1, nas quais será analisada a utilização dos termos "estratégias", "procedimentos" ou "técnicas" de tradução, e será apresentado o conceito/terminologia proposto para a esta pesquisa.

Ao traduzirmos uma EI, dispomos de uma série de recursos que devem levar em consideração não apenas a estrutura da expressão em si, mas, principalmente, o seu contexto de uso. Tais recursos têm sido descritos na literatura e nomeados de maneiras diferentes por diferentes autores no contexto dos Estudos da Tradução, o que causa certa confusão conceitual e terminológica: as soluções encontradas pelos tradutores são classificadas e descritas ora como "estratégia", ora como "procedimento", ora como "técnica".

A partir da grande ocorrência de EIs nas letras de *Sgt. Pepper's Lonely Hearts Club Band*, foram utilizados diferentes artifícios para a tradução dessas expressões. Tendo em vista a diversidade de acepções e termos que aparecem na literatura relacionada ao estudo de soluções tradutórias, concretas e observáveis no texto traduzido, julgamos essencial um estudo sobre esses conceitos e sobre a terminologia mais adequada a ser empregada para a nossa pesquisa. Essa discussão teórica também se justifica pela necessidade de se adotar um posicionamento perante esse quadro de diversidade conceitual e terminológica e escolher um deles para categoria de análise na descrição das soluções observadas nas traduções das expressões idiomáticas da nossa fonte de dados.

Este capítulo tem por objetivo examinar o conceito de "estratégia de tradução" e sua relação com o conceito de "procedimento de tradução", além de verificarmos o uso de "técnica de tradução".

Para tanto, apresenta-se inicialmente um quadro que representa visualmente a utilização dos três conceitos por diferentes teóricos, bem como a definição dada a eles por tais pesquisadores.

Após a apresentação e discussão sucinta do quadro, dedicaremos uma subseção ao conceito de estratégia, uma segunda subseção ao conceito de procedimento e uma terceira subseção ao conceito de "técnica", para finalmente optar por um deles enquanto *categoria de análise* da presente pesquisa, justificando, dessa forma, a nossa escolha.

2.1. QUADRO DAS DIVERSAS ACEPÇÕES DOS TERMOS "ESTRATÉGIAS", "PROCEDIMENTOS" E "TÉCNICAS" NO ÂMBITO DOS ESTUDOS DA TRADUÇÃO

A seguir, uma visualização dos diferentes usos feitos por teóricos dos Estudos da Tradução dos conceitos de "estratégia", de "procedimento" e de "técnica". O quadro distribui a informação em colunas, contendo dados sobre (i) o **ano** de publicação da obra em que o conceito foi nomeado; (ii) o nome do **teórico** a utilizar o conceito; (iii) o título da **obra;** (iv) o **termo** utilizado; e, finalmente, (v) a **definição** apresentada pelo teórico (ou a ausência dela, em alguns casos).

Quadro 3 – Quadro de definições de Estratégia, Procedimento e Técnica

Ano	Teórico	Obra	Termo utilizado	Definição
1986	Hans P. Krings	*'Translation problems and translation strategies of advanced German learners of French "L2"'*	Estratégia	Um conjunto de planos potencialmente conscientes para a solução de um problema de tradução (p. 268).
1988	Newmark	*A textbook of translation.*	Procedimento	O termo não é definido, porém o autor apresenta 19 procedimentos de tradução (transferência, naturalização, equivalente cultural, equivalente funcional, equivalente descritivo, sinonímia, *through-translation*, *shifts* ou transposições, modulação, tradução reconhecida, *label translation*, compensação, análise componencional, redução e expansão, paráfrase, *couplets*, notas, adições e glosas).
1991	Lörscher		Estratégia	(*apud* Fawcet, 1997) processo para solução de problemas.
1958/1995	Vinay & Darbelnet	*Comparative Stylistics of French and English – A methodology for translation*	Procedimento/ Técnica	Termo usado para identificar e descrever os sete principais métodos de tradução (*borrowing, calque, literal translation, transposition, modulation, equivalence, adaptation.*)

1984/1997	Chesterman	*Memes of translation*	Estratégia	É um tipo de processo, um modo de fazer algo. Para o autor, as estratégias são soluções potencialmente conscientes tomadas pelo tradutor para a solução de um determinado problema.
1997	Fawcet	*Translation and Language – Linguistics Theories Explained*	Estratégia	Não apresenta exatamente uma definição, porém expõe estudos relacionados ao processo de tradução utilizado pelos tradutores na solução de problemas de tradução.
2001	Munday	*Introducing Translation Studies – Theories and applications*	Estratégia	Não apresenta definição e, também, não apresenta categorização das estratégias.
2001	Venuti	*Strategies of translations*	Estratégia	(*apud* Baker, 2001) Desenvolvimento de um método para traduzir um texto.
2002	Molina & Hurtado Albir	*Translation techniques Revisited: A Dynamic and Functionalist Approach*	Técnica/ Estratégia	Afirma-se que estratégia são os procedimentos utilizados pelo tradutor para solucionar problemas durante o processo tradutório, sendo que as técnicas de tradução correspondem à materialização desse processo.
2004	Hatim & Munday	*Translation – an advanced resource book.*	Estratégia	p. 10, 132, 226 – não apresenta definição.

Ano	Autor	Obra	Termo	Definição
2004	Gonzáles Davies	*Multiple Voices in the Translation Classroom.*	Estratégia/ Procedimento	Define procedimento como opções concretas de tradução e refere-se à estratégia como decisões conscientes para solucionar um segmento verbal ou não verbal que não possa ser transferido automaticamente e relaciona essas decisões de acordo com os objetivos da tradução e aos procedimentos necessários para atingir esses objetivos em um determinado contexto.
2009	Palumbo	*Key terms in translation studies.*	Estratégia	Para Palumbo os termos procedimentos (Vinay e Darbelnet) e estratégias (Chestermann) são tipos de *shifts*. Define estratégia como transferência textual ou transferência operacional realizada em determinada estrutura, item ou ideia encontrada no texto-fonte.
2011	Baker	*In other words - A coursebook in translation studies.*	Estratégia	Não apresenta definição, porém oferece sete estratégias de tradução.
2011	Hurtado Albir	*Traducción y traductologia: Introducción a la traductologia.*	Estratégia	São procedimentos individuais, utilizados para resolver problemas encontrados no processo tradutório para melhorar a sua eficácia de acordo com os seus objetivos.
2013	Zohre Owji	*Translation Strategies: A Review and Comparison of Theories*	Estratégia	Habilidades aprendidas pelo tradutor e utilizadas quando este(a) encontra um problema de tradução durante o processo tradutório, não sendo aplicada em traduções literais.

Fonte: o autor

Como podemos observar no quadro acima, vários teóricos definiram das mais diversas formas os termos "estratégia", "procedimento" e "técnica", o que contribui para a confusão terminológica e conceitual referente ao termo. Teóricos como Fawcet[184], Munday[185], Hatim[186], Hatim e Munday[187] e Baker[188] utilizam a palavra "estratégia", mas não apresentam uma definição do termo, porém no caso do primeiro alguns estudos são demonstrados, e no caso da última, as estratégias não são teorizadas, sendo, apenas, demonstradas em seu trabalho como fenômenos concretos observados na superfície do texto. Para Venuti[189], uma estratégia consiste em desenvolver um método para traduzir um texto.

Krings[190], Lörscher[191], Chesterman[192] e Owji[193] parecem concordar com a questão das estratégias estarem relacionadas às decisões conscientes que o tradutor toma para solucionar algum problema de tradução, durante o processo tradutório. Já Palumbo[194], utiliza estratégia como uma transferência textual ou operacional aplicada em uma determinada estrutura, item ou ideia. Em Gonzáles Davies[195]

---

[184] FAWCET, Peter. **Translation and Language**: Linguistics Theories Explained. Manchester: St. Jerome, 1997.

[185] MUNDAY, Jeremy. **Introducing Translation Studies**: Theories and Applications. London/New York: Routledge, 2001.

[186] HATIM, Basil. **Teaching and Researching Translation**. Edinburgh: Longman, 2001.

[187] HATIM, Basil; MUNDAY, Jeremy. **Translation**: An advanced resource book. London/New York: Routledge, 2004.

[188] BAKER, 2011.

[189] VENUTI, L. Strategies of translation. *In*: BAKER, M. **Routledge Encyclopedia of Translation Studies**. London: Routledge, 2001.

[190] KRINGS, Hans P. Translation Problems and Translation Strategies of Advanced German Learners of French (L2). *In*: HOUSE, Juliane; BLUM-KULKA, Shoshana (ed.). **Interlingual and Intercultural Communication**: Discourse and Cognition in Translation and Second Language Acquisition Studies. Germany: GNV, 1986.

[191] *apud* FAWCET, 1997.

[192] CHESTERMAN, A. **Memes of translation**: the spread of ideas in translation theory. Philadelphia: John Benjamins Publishing, 1997.

[193] OWJI, Zohre. Translation strategies: a review and comparison of theories. **Translation Theory**, v. 17, n. 1, 2013. Disponível em: http://translationjournal.net/journal/63theory.htm. Acesso em: 13 maio 2014.

[194] PALUMBO, Giuseppe. **Key Terms in Translation Studies**. London: Continuum International Publishing, 2009.

[195] GONZÁLEZ DAVIES, M. **Multiple voices in the Translation Classroom**. Amsterdam/Philadelphia: John Benjamins, 2004.

e Hurtado Albir[196], observamos o uso conjunto dos dois termos, sendo que, para González Davies, existe um trabalho coordenado entre os processos tradutórios (estratégias) e o produto final desses processos (procedimentos) de acordo com os objetivos da tradução, enquanto para Hurtado Albir a própria estratégia pode ser definida como um procedimento, ou seja, "Um tipo particular de procedimento que serve para resolver problemas e alcançar um objetivo"[197] [198]. Em Molina e Hurtado Albir[199], a materialização desses processos, ou seja, o produto final das estratégias é chamado também de técnica de tradução.

Apenas Vinay e Darbelnet[200] e Newmark[201] adotam o termo "procedimentos de tradução" e oferecerem vários exemplos desses procedimentos, também chamados pelos primeiros de métodos, porém nenhum deles apresenta uma definição exata para o termo.

Após essa rápida apresentação, passamos agora a uma discussão mais detalhada dos conceitos.

2.1.1 ESTRATÉGIAS

Segundo a pesquisadora Hurtado Albir[202],

> Na Tradutologia [Estudos da Tradução] gerou-se certa confusão em torno da noção de estratégia, já que este termo tem sido utilizado com diversas acepções: para referir-se ao método utilizado pelo tradutor, aos princípios que guiam suas decisões, às técnicas utilizadas nas soluções adotadas, etc.[203]

---

[196] HURTADO ALBIR, 2011.

[197] "un tipo particular de procedimientos, que sírven para resolver problemas o alcanzar un objetivo."

[198] HURTADO ALBIR, 2011, p. 272.

[199] MOLINA, Lucía; HURTADO ALBIR, Amparo. Translation Techniques Revisited: A Dynamic and Functionalist Approach. **Meta**, XLVII, 4, 2002.

[200] VINAY, Jean-Paul; DARBELNET, Jean. **Comparative Stylistics of French and English**: A methodology for translation. Amsterdam/Philadelphia: John Benjamins Publishing Company, 1995.

[201] NEWMARK, Peter. **A textbook of translation**. Hertforshire: Prentice Hall, 1988.

[202] HURTADO ALBIR, 2011, p. 271.

[203] "En Traductología se ha generado cierta confusión en torno a la noción de estrategia, ya que este término se ha utilizado con diversas acepciones: para referirse al método elegido por el tradutor, a los principios que guían sus decisiones, a las técnicas utilizadas en las soluciones adoptadas, etc."

Buscando solucionar essa confusão, a autora inicia sua discussão considerando o termo "estratégia", no âmbito de diferentes disciplinas (psicologia cognitiva, pedagogia, didática de línguas, e outras). Hurtado Albir[204] apresenta uma definição de "estratégia" para demonstrar a confusão e ratificar que essa noção ainda carece de investigação nos Estudos da Tradução: "os procedimentos (verbais e não verbais, conscientes e inconscientes) de resolução de problemas"[205]. Observa-se que na definição acima, na qual o termo "procedimento" é utilizado para definir o conceito de "estratégia", fica evidente a necessidade de se esclarecer a questão. A pesquisadora inicia a discussão a partir da psicologia cognitiva, considerando, em seguida, o conceito conforme utilizado em outras disciplinas, tais como as estratégias de aprendizagem no ensino de línguas para, a seguir, discutir o conceito no âmbito dos Estudos da Tradução.

A autora[206] define o conceito global de estratégia como um tipo particular de procedimento que permite solucionar problemas e tornar mais efetivas as habilidades disponíveis para a realização de uma determinada tarefa e, dessa forma, auxiliar na construção das habilidades gerais de uma pessoa.

Após esse passeio teórico e crítico, Hurtado Albir[207] apresenta uma proposta de *caracterização* das estratégias de tradução levando em consideração cinco aspectos:

1. *A existência de estratégias de diferentes tipos*: Quando o tradutor faz uso de estratégias para compreender o texto[208] original, identificando aspectos estruturais e discursivos além de buscar soluções tradutórias para a adequação desse texto para a cultura de chegada, no que tange à estrutura, ao léxico e ao estilo da língua-alvo;

---

[204] HURTADO ALBIR, 2011.

[205] "los procedimientos (verbales y no verbales, conscientes e inconscientes) de resolución de problemas."

[206] HURTADO ALBIR, *op. cit.*, p. 272.

[207] *Ibidem*, p. 276-278.

[208] Entendemos a palavra "texto" como toda forma de uso da linguagem, seja ela falada ou escrita, verbal ou não verbal. "Quando falamos de um texto, referimo-nos a uma unidade completa de comunicação linguística" (Caldas-Coulthard, 2007, p. 35).

2. *A existência de estratégias de diferentes níveis*: As estratégias podem ser utilizadas na solução de problemas tanto em macro quanto em microestruturas, ou seja, o tradutor pode se utilizar de vários recursos para sanar problemas gerais do texto e, também, problemas mais específicos como unidades específicas;

3. *A diversidade de estratégias segundo o tipo e a modalidade de tradução ou da direção*: O tradutor utilizará uma estratégia diferente para cada modalidade de tradução. Ao traduzir um texto escrito, os recursos utilizados serão diferentes daqueles empregados pelo intérprete na tradução de um texto falado;

4. *A diversidade de estratégias para solucionar um problema de tradução*: As estratégias estão associadas aos problemas de tradução, e o tradutor pode fazer uso de vários mecanismos para tentar solucionar esses problemas;

5. Estratégias podem ser utilizadas também para melhorar a eficácia do processo tradutório e obter, dessa forma, traduções com maior qualidade.

Andrew Chesterman[209] segue uma linha semelhante à de Hurtado Albir, afirmando que o termo "estratégia" é aplicado de forma diferente em várias áreas do conhecimento, tais como Psicologia, Sociologia, Linguística Aplicada e Teoria da Tradução.

O autor opta por não se aprofundar nos conceitos teóricos relacionados ao status e a definição de estratégias, decidindo enfatizar a sua aplicação prática apresentando, apenas, os seus aspectos mais relevantes. Para Chesterman[210], estratégia de tradução está relacionada ao processo tradutório e à solução de problemas específicos, encontrados durante esse processo, e aponta seis características do termo:

1. Uma estratégia de tradução pode ser entendida como uma ação potencialmente consciente empregada pelo tradutor para a solução de um problema;

---

[209] CHESTERMAN, 1997.
[210] *Ibidem*, p. 87-91.

2. Uma estratégia pode ser entendida como uma ação, ou seja, uma forma de fazer algo;

3. Estratégias são operações efetuadas na elaboração do texto-alvo relacionando-o ao texto-fonte, auxiliando também no trabalho de manipulação textual;

4. Estratégias podem ser caracterizadas como orientadas aos objetivos da tradução. O autor não deixa claro quais são esses objetivos e apenas menciona que se trata das normas de tradução de todos os tipos;

5. Estratégias são centradas tanto na solução de problemas em nível global, como traduzir um texto ou um tipo de texto[211], quanto em nível local, como traduzir uma estrutura, uma ideia, um item[212];

6. Estratégias possuem caráter intersubjetivo sendo constituídas de modo não formal e empírico, facilitando, dessa forma, a sua aprendizagem: "Em outras palavras, estratégias constituem um conhecimento descritivo e de fácil acesso, concernente a um tipo de conhecimento procedimental"[213].

Palumbo[214] apresenta as ideias de Chesterman[215] referindo-se a estratégias como um tipo de *shift*:

> Outros estudiosos têm verificado os *shifts* focalizando no seu papel dentro do processo de tradução. Chesterman (1997), referindo-se a eles sob o conceito geral de 'estratégias', vê os *shifts* como mudanças feitas para solucionar um problema na língua-alvo, ou como formas de manipular o material linguístico do texto-fonte para produzir um texto-alvo apropriado.[216]

---

[211] "how to translate this text or this kind of text."

[212] "how to translate this structure/ this idea/this item."

[213] "In other words, strategies constitute easily accessible descriptive knowledge concerning a certain kind of procedural knowledge."

[214] PALUMBO, 2009, p. 106.

[215] CHESTERMAN, 1997.

[216] "Other scholars have looked at shifts focusing on their role in the process of translation. Chesterman (1997), referring to them with the general label of 'strategies', sees shifts as changes made on a TL solution that is felt to be problematic or as ways of manipulating the linguistic material of the ST in order to produce an appropriate target text."

Krings[217] define estratégia de tradução como "planos potencialmente conscientes para a solução de um problema de tradução"[218]. Essa noção de estratégia utilizada como um recurso para a solução de um problema — também adotada por Hurtado Albir[219] e Chesterman[220] — foi observada por Lörscher[221], ao estudar a atividade tradutória de alunos de tradução e verificar quais as soluções adotadas para os mais variados problemas, encontrados durante o processo de transferência textual. González Davies[222] também reforça essa ideia de estratégia como uma decisão consciente do tradutor ao afirmar que "Isso se refere **as decisões** tomadas pelo tradutor ao traduzir o texto-fonte para a língua-alvo: uma decisão **consciente** para solucionar um segmento verbal ou não-verbal que – potencialmente – não possa ser transferido automaticamente"[223].

Owji[224] (ver Quadro 3) afirma que as estratégias não são utilizadas na tradução literal e, também, refere-se ao seu caráter de solução de problema empregando o termo como habilidades aprendidas pelo tradutor e que são aplicadas durante o processo tradutório quando este encontra algum obstáculo ao traduzir um texto.

Palumbo[225] refere-se ao termo "estratégia" tanto como um modo geral de transferência textual quanto como uma operação realizada em uma estrutura particular, um item específico ou uma ideia observada no texto-fonte. O autor reforça que o termo "estratégias de tradução" (*translation strategies*) pode ser entendido como procedimentos ou métodos adotados para solucionar algum tipo de problema específico e, assim, produzir um texto-alvo mais apropriado em relação aos objetivos tradutórios.

---

[217] KRINGS, 1986, p.268.
[218] "potentially conscious plans for solving a translation problem."
[219] HURTADO ALBIR, 2011.
[220] CHESTERMAN, 1997.
[221] LÖRSCHER, 1991 apud FAWCET, 1997, p. 141-142.
[222] GONZÁLEZ DAVIES, 2004, p. 2233.
[223] "it can refer to **the decisions** a translator takes when rendering the source text into the target language: a **conscious** decision to solve a verbal or nonverbal segment that – potentially – cannot be transferred automatically."
[224] OWJI, 2013.
[225] PALUMBO, *op. cit.*, p. 131-132.

Uma ampla definição é oferecida por Jääskeläinen (1993:116), que vê estratégia como, 'um conjunto de (vagamente formulado) regras ou princípios no qual um tradutor faz uso para alcançar os objetivos determinados pela situação tradutória da forma mais efetiva'. Outras definições (cf. Krings 1986:175; Lörscher 1991:76; Chesterman 1997:92) nos levam a uma visão mais restrita e relaciona a noção de estratégia à noção de 'problema'. Uma estratégia de tradução, desta forma, se torna um procedimento ou método utilizado para resolver um tipo particular de problema apresentado por um texto a ser traduzido, ou associado a uma tarefa tradutória.[226][227]

As concepções de Palumbo estão em consonância também com os conceitos propostos por Hurtado Albir[228], que identifica uma estratégia de tradução como:

> Procedimentos individuais, conscientes e não conscientes, verbais e não verbais, internos (cognitivos) e externos utilizados pelo tradutor para resolver os problemas encontrados no processo tradutório e melhorar a sua eficácia em função das suas necessidades específicas.[229]

Para Lawrence Venuti[230], uma estratégia de tradução envolve o desenvolvimento de um método para a tradução de textos, num contexto de dimensão *política, econômica* e *cultural* da tradução. Nesse contexto, o autor divide as estratégias em: (i) Estratégias domesticadoras (*Domesticating strategies*), ao aproximar a tradução dentro dos

---

[226] "A broad definition is provided by Jääskeläinen (1993:116),who sees strategies as 'a set of (loosely formulated) rules or principles which a translator uses to reach the goals determined by the translating situation in the most effective way. Other definitions (cf. Krings 1986:175; Lörscher 1991:76; Chesterman 1997:92) take a narrower view and relate the notion of strategy to that of 'problem'. A translation strategy thus become a procedure or method used to solve a particular kind of problem posed by the text to be translated or linked to the translation task."

[227] PALUMBO, 2009, p.132.

[228] HURTADO ALBIR, 2011, p. 276.

[229] "los procedimientos individuales, conscientes y no conscientes, verbales y no verbales, internos (cognitivos) y externos utilizados por el traductor para resolver los problemas encontrados nel proceso traductor y mejorar su eficacia en función de sus necesidades específicas."

[230] VENUTI, 2001, p. 241.

parâmetros da cultura de chegada; (ii) Estratégias estrangeirizadoras (*Foreignizing strategies*), ao manter a tradução conforme os parâmetros culturais da língua de partida.

Segundo Venuti[231], o uso de uma ou outra estratégia vai depender de uma reconstrução dos valores culturais em que essa tradução é consumida e produzida, ou, como cita o autor, "O que é doméstico ou estrangeiro pode ser definido apenas com referência a mudança hierárquica nos valores da cultura-alvo"[232] [233].

Como pudemos observar, existem diversas teorias referentes ao termo "estratégia" e a sua utilização dentro dos Estudos da Tradução. Na sequência verificaremos questões relacionadas ao termo "procedimento" e a sua aplicação no campo da tradução.

2.1.2. PROCEDIMENTOS

O termo "procedimento de tradução" (*translation procedure*), de maneira geral, parece referir-se a fatos que podem ser observados na superfície de textos traduzidos, observáveis na recriação de um texto para determinada LA. González Davies[234] define procedimento como

> [...] opções concretas de tradução tais como explicitação, nota de rodapé, decalques, adaptações culturais, exotização, reformulação, substituição, omissão, adição [...] para reexpressar o texto-fonte de uma forma (re) criativa[235].

Embora não apresente uma definição, Newmark[236] afirma que os procedimentos de tradução podem ser utilizados tanto para sentenças

---

[231] VENUTI, 2001.

[232] "What is domestic or foreign can be defined only with reference to the changing hierarchy of values in the target language culture."

[233] VENUTI, *op. cit.*, p. 243.

[234] GONZÁLEZ DAVIES, 2004, p. 2233

[235] "Concrete acceptable translation options such as explicitations, foot-notes, calques, cultural adaptations, exoticising, reformulations, substitutions, omission, additions...to re-express the source text in a re-creative way."

[236] NEWMARK, 1988, p. 81-93.

como para unidades menores da língua, considerando a tradução literal o mais importante entre eles. Assim como González Davies, Newmark lista uma série de procedimentos de tradução (*translation procedures*) que podem ser aplicados, tais como transferência, naturalização, equivalente cultural, equivalente funcional, equivalente descritivo, sinonímia, *through-translation, shifts* ou transposições, modulação, tradução reconhecida, *label translation*, compensação, análise componencional, redução e expansão, paráfrase, *couplets*, notas, adições e glosas.

Conforme visto na seção anterior, Palumbo[237] chama de *shift*[238] toda a mudança, linguística ou cultural ocorrida no texto traduzido em relação ao texto-fonte. O autor afirma que o termo foi utilizado por Catford, em seu livro intitulado A Linguistic Theory of Translation (1965), porém esses *shifts* receberam nomenclaturas diferentes por autores como Vinay e Darbelnet[239], que adotam os termos procedimentos (*procedures*), métodos (*methods*) ou técnicas (*techniques*), enquanto Chesterman[240] adota estratégias, referindo-se ao processo de tradução e enfatizando o seu caráter de solução de problemas (ver seção 2.1).

Para Vinay e Darbelnet[241], procedimentos de tradução (*translation procedures*) também podem ser chamados de métodos, desenvolvidos para traduzir textos, e se apresentam como opções concretas de tradução observáveis nesses textos. Segundo os autores, os procedimentos podem ser divididos em procedimentos diretos (*direct procedures*), como: empréstimos, decalques e traduções literais, e procedimentos oblíquos (*oblique procedures*), tais como: transposição, modulação, equivalência e adaptação.

---

[237] PALUMBO, 2009, p. 105-106.
[238] Segundo *Oxford advanced learner's dictionary* (2000, p. 1180-81), a palavra *shift* pode ser definida como: 1 mover-se, ou mover algo, de uma posição para outra; 2 (Brit, *informal*) mover-se rapidamente; 3 (de uma situação, uma opinião, uma política etc.) mudar de um estado, posição, etc. para outro; 4 mudar sua opinião ou atitude em relação a algo, ou mudar a forma de fazer algo. Tradução minha de: 1 to move, or move sth, from one position or place to another; 2 (BrE, *informal*) to move quickly; 3 (of a situation, an opinion, a policy etc.) to change one state, position, etc. to another; 4 to change your opinion of or attitude towards sth, or change the way that you do sth.
[239] VINAY; DARBELNET, 1995.
[240] CHESTERMAN, 1997.
[241] VINAY; DARBELNET, 1995, p. 30-41.

Após verificarmos de que forma os teóricos referem-se ao termo "procedimentos de tradução", serão expostos na subseção seguinte os conceitos que descrevem o termo "técnica de tradução" para, na sequência, apresentarmos os conceitos adotados na pesquisa.

2.1.3. TÉCNICAS

Palumbo[242] afirma que técnica de tradução (*translation technique*) é uma estratégia adotada para traduzir algum elemento específico do texto-fonte. Para Molina e Hurtado Albir[243], uma técnica de tradução é aplicada em microunidades textuais. Segundo as autoras, essa técnica seria o resultado da escolha do tradutor, sendo que a sua validade depende de questões concernentes ao contexto da tradução, aos objetivos dessa tradução, à expectativa da cultura de chegada, entre outros fatores.

Molina e Hurtado Albir[244] fazem uma relação entre as técnicas e a as estratégias de tradução, sendo que as primeiras são entendidas como a descrição do resultado final do processo tradutório. Conforme afirmam as autoras[245]:

> As estratégias abrem o caminho para encontrar uma solução adequada para uma unidade de tradução. A solução será materializada por meio de uma técnica particular. Portanto, estratégias e técnicas ocupam lugares diferentes na solução de problemas: estratégias fazem parte do processo, técnicas afetam o resultado. Entretanto, alguns mecanismos podem funcionar tanto como estratégias quanto como técnicas.[246]

---

[242] PALUMBO, 2009, p. 134.
[243] MOLINA; HURTADO ALBIR, 2002.
[244] *Ibidem*, p. 507-508.
[245] *Idem*.
[246] "Strategies open a way to finding a suitable solution for a translation unit. The solution will be materialized by using a particular technique. Therefore, strategies and techniques occupy diferente places in problem solving: strategies are part of the process, techniques affect the result. However, some mechanisms may function both as strategies and techniques."

Após esse passeio teórico em que foram expostas as mais variadas definições, assim como as descrições referentes aos termos "estratégias de tradução", "procedimentos de tradução" e "técnicas de tradução", apresentaremos, na seção seguinte, os conceitos adotados para a nossa pesquisa, assim como as justificativas que nos levaram a essa escolha.

2.2. CONCEITO ADOTADO NA PESQUISA

Optamos, para os nossos estudos, pelo termo "estratégia de tradução", ou *translation strategy*, descritos por Chesterman[247] e Palumbo[248], por julgarmos mais adequado à nossa proposta de trabalho devido ao seu caráter de solução de problema e pela possibilidade de ser aplicado em relação a dificuldades relacionadas na tradução de estruturas particulares da língua-fonte — ou como afirma Chesterman[249] [250], "em um nível mais específico, por outro lado, o problema a ser resolvido é algo como 'de que forma traduzir esta estrutura/ esta ideia/ este item'; aqui nós temos 'estratégias locais'"[251] — no caso da presente pesquisa, a tradução de expressões idiomáticas, que são construções específicas inerentes a uma determinada língua.

A utilização do termo "estratégia" também se justificou devido à sua ampla aplicação aos trabalhos de Tagnin[252], Francisco[253] e Baker[254],

---

[247] CHESTERMAN, 1997.
[248] PALUMBO, 2009.
[249] CHESTERMAN, *op. cit.*, p. 90-91.
[250] Chesterman (1997) chama de "estratégias globais" quando os problemas de tradução estão relacionados a um texto ou um tipo de texto de modo geral, enquanto "estratégias locais" são utilizadas na solução de problema específicos pertinentes a estruturas particulares.
[251] "At the more specific level, on the other hand, the problem is something like 'how to translate this structure/this idea/this item'; here we have 'local strategies'."
[252] TAGNIN, 1988.
[253] FRANCISCO, 2010.
[254] BAKER, 2011.

por se apresentarem como opções concretas[255] verificadas nas traduções, ou seja, essas estratégias são apresentadas como a materialização dos processos tradutórios observadas no texto.

Para esta pesquisa, analisaremos os resultados de cada estratégia aplicada na nossa fonte de dados, ou, como afirma González Davies[256], "Aqui, uma estratégia é um grupo de decisões coordenadas que ligam os objetivos do trabalho de tradução com os procedimentos necessários para alcançar esses objetivos em um dado contexto tradutório"[257].

Neste segundo capítulo, revisamos os conceitos empregados concernentes às soluções tradutórias e posterirormente justificamos a nossa escolha pelo termo "estratégia". No capítulo seguinte, apresentaremos uma descrição mais aprofundada da nossa fonte de dados, além de detalharmos a metodologia utilizada para este trabalho e a sua aplicação ao presente estudo.

---

[255] Para Koster (2002, p. 27), as pesquisas centradas no processo definem o conceito de "estratégia" prospectivamente, ou seja, como uma ação a ser tomada pelo tradutor, enquanto este está traduzindo. No entanto o termo tem sido usado, por pesquisadores interessados na descrição de tradução, como um "construto descritivo", ou seja, como uma categoria de análise de natureza retrospectiva, interessada na descrição de opções concretas existentes em traduções reais.

[256] GONZÁLEZ DAVIES, 2004, p. 2233.

[257] "Here, a strategy is a group of coordinated decisions that link the goals of the translation assignment with the necessary procedures to attain those goals in a given translational context."

CAPÍTULO 3

O ÁLBUM *SGT.PEPPER'S* E A METODOLOGIA EMPREGADA NA PESQUISA

> *I don't really want to stop the show*
> *But I thought you might like to know*
> *That the singer's gonna sing a song*
> *And he wants you all to sing along*
> (Sgt. Pepper's Lonely Hearts Club Band – Lennon/McCartney)

Nos Capítulos 1 e 2, revisamos a teoria sobre as expressões idiomáticas e, também, estudamos sobre a problemática da tradução dessas expressões, bem como verificamos as soluções propostas por cada teórico, além de definirmos a terminologia a ser empregada neste trabalho, a partir da discussão sobre a confusão terminológica relacionada aos termos "estratégias", "procedimentos" e "técnicas". Após esse passeio teórico, neste terceiro capítulo, apresentaremos, de forma mais detalhada, o álbum *Sgt. Pepper's Lonely Hearts Club Band* para, na sequência, expormos o quadro de categorias de estratégia a serem utilizados na análise da nossa fonte de dados, assim como apresentaremos os passos metodológicos adotados no desenvolvimento da nossa pesquisa.

3.1. FONTE DE DADOS: SOBRE *SGT. PEPPER'S LONELY HEARTS CLUB BAND*

O álbum *Sgt. Pepper's Lonely Hearts Club Band*, doravante SPLHCB, gravado em 1967 pela banda The Beatles, representou uma ruptura na carreira do grupo, trazendo um grande amadurecimento artístico e ganhando o respeito da crítica especializada, conforme aponta Revilla[258]:

> Os convencionalismos das estruturas pop antigas voaram pelos ares, bem como as histórias de amor adolescente e óbvio, agora as maquinações e os processos mentais e sensoriais passavam a ser protagonistas, e se falava de amor era dum outro ponto de vista mais profundo e universal; também a existência, a fé e a política eram objecto de perguntas nas canções. A liberdade total da mente traduziu-se em liberdade total das estruturas.

Lançado no auge da "psicodelia" — conforme aponta Muggiatti[259], "a palavra designa tudo aquilo que é criado sob a influência de alucinógenos, como o LSD" — e abraçado pela contracultura e pelo movimento hippie[260], que surgia no seio sociedade tecnocrata norte-americana[261], o disco apresenta uma profusão de imagens e de cores, muitas delas influenciadas pelas "viagens" de LSD, com o qual os Beatles estavam envolvidos na época[262], confirmando uma (re)evolução poética e musical que começou a apresentar os primeiros indícios já no disco *Help*, de 1965, acentuou-se em *Rubber Soul*, do mesmo ano, explicitando-se em *Revolver*, de 1966.

Considerado como um dos melhores álbuns da história da música pop (ver citação a seguir), *Sgt. Pepper's* quebrou paradigmas e redefiniu a música popular. "Musicalmente o disco era uma explo-

---

[258] REVILLA, 1994, p. 31.

[259] MUGGIATI, Roberto. **A Revolução dos Beatles**. Rio de Janeiro: Ediouro, 1997. p. 96.

[260] Em um estudo sobre os anos 60, do século 20, Brandão e Duarte (1994, p.51) citam que: "Como podemos notar, os movimentos de contracultura nasceram a partir de um ponto de vista hedonista, ou seja, do desejo simples e elementar da felicidade individual, porém, fora dos padrões de regras e normas repressoras estabelecidas pelo sistema, composto pelas instituições político-sociais que objetivavam a sustentação da ordem vigente. É dentro desse contexto que se insere a grande utopia dos hippies — a construção de um paraíso 'aqui e agora', de 'paz e amor'. Para tanto era fundamental criar o seu próprio estilo de vida e 'cair fora' do mundo materialista e racional da sociedade moderna, o que significava ganhar um outro espaço físico e mental. Daí a criação das comunidades hippies e a descoberta do misticismo e do psicodelismo das drogas, principalmente o LSD (ácido lisérgico)."

[261] BRANDÃO, Antônio Carlos; DUARTE, Milton Fernandes. **Movimentos Culturais de Juventude**. 13. ed. São Paulo: Editora Moderna, 1994. p. 50.

[262] MUGGIATTI 1997, p. 75.

ração, uma viagem através de toda a história da música, extraindo elementos em livre escolha, misturando-os e conseguindo uns resultados óptimos, que os historiadores de música mais cultos e clássicos não tardaram em elogiar"[263]. Podemos observar a importância e o impacto causados pelo lançamento do disco por meio da crítica da época apresentada por Muggiatti [264]:

> Algumas opiniões da época dão uma medida do significado histórico de Sgt. Pepper's: 'Um barômetro do nosso tempo.' (Suplemento do Times); 'Um momento decisivo na história da civilização ocidental.' (Kenneth Tynan, crítico de cultura); 'Um novo e dourado renascimento da canção.' (The New York Times Review of Books); 'A Day in the Life é a Waste Land dos Beatles.' (Jack Kroll, da revista Newsweek, comparando as letras de Lennon e McCartney à poesia de T.S. Eliot); 'Eles lideram uma revolução em que o melhor dos sons atuais pós-rock está se tornando uma coisa que a música popular nunca foi antes: uma forma de arte.' (Revista Time, na reportagem de capa sobres os Beatles).

Após a sua última apresentação, no dia 29 de agosto de 1966, os Beatles, cansados dos shows ao vivo, decidiram se dedicar exclusivamente aos trabalhos em estúdio. "Acho que podíamos mandar quatro bonecos de cera que as multidões ficariam satisfeitas. Os concertos do Beatles nada mais têm a ver com música. Não passam de sangrentos ritos tribais"[265]. Após meses de trabalho intenso, John Lennon, Paul McCartney, Ringo Starr e George Harrison lançaram, no Reino Unido, SPLHCB, em 26 de maio de 1967 (o lançamento oficial aconteceu em 1º de junho). O álbum contém 13 faixas, das quais 12 foram compostas pela parceria Lennon/McCartney e uma música *Within you Without you,* por George Harrison.

A ideia para o disco começou a surgir durante um período de descanso no qual Paul McCartney, acompanhado de Mal Evans[266],

---

[263] REVILLA, 1994, p. 42.
[264] MUGGIATTI, *op. cit.*, p. 105.
[265] JOHN LENNON *apud* MUGGIATTI, 1997, p. 82.
[266] Mal Evan, road Manager e assistente dos Beatles (https://en.wikipedia.org/wiki/Mal_Evans).

viajou disfarçado por França, Espanha e Quênia em novembro de 1966[267]. Segundo Turner[268], "Fazia anos que não tinha a liberdade, nem a oportunidade de viajar sozinho, então ele aproveitou a oportunidade de estar temporariamente livre de sua identidade Beatle".

Esse período ajudou Paul a refletir sobre a liberdade de viajar como outra pessoa e de como essa sensação poderia ser aplicada à banda como um todo. Essas reflexões contribuíram para trazer a ideia de os Beatles assumirem a identidade de um outro grupo, deixando de ser eles mesmos. No voo de retorno, McCartney e Mal Evans estavam conversando, durante a refeição, sobre as palavras "Salt and pepper" (sal e pimenta), o que levou, pela sonoridade, ao termo Sergeant. Pepper (Sargento Pimenta), que poderia ser o nome do líder de uma banda[269]. Segundo o ex-Beatle[270]:

> Então eu tive a ideia para a música *Sgt. Pepper's Lonely Hearts Club Band* e pensei que seria interessante para nós fingirmos, durante a composição do álbum, que éramos membros dessa banda ao invés de os Beatles, para nos dar uma nova perspectiva[271].

Sobre essa banda alter ego dos Beatles, Rondeau[272] também afirma que:

> A música falava de uma banda imaginária, liderada 20 anos atrás por um tal de Billy Sheers. Nada de mais. Até que Paul sugeriu ao produtor George Martin: porque não fazer um álbum inteiro como se a banda do Sargento Pimenta existisse mesmo? Como se fosse ela tocando?

---

[267] TURNER, Steve. **Beatles 1966**: O Ano Revolucionário. Tradução de Marcelo Hauck. São Paulo: Benvirá, 2018. p. 346-347.

[268] *Idem*, 2018.

[269] *Ibidem*, p. 348.

[270] McCARTNEY, Paul. **THE BEATLES. Sgt. Pepper's Lonely Hearts Club Band**. London: EMI, 1967 (2009). 1 disco sonoro, 33 ⅓; 12 pol.

[271] I then had the idea for the song 'Sgt. Pepper's Lonely Hearts Club Band' and thought it would be interesting for us to pretend, during the making of the album, that we were members of this band rather than The Beatles, in order to give us a fresh slant.

[272] RONDEAU, José Emílio [1985]. Ineditismo, revolução e um imenso pasmo. **Bizz**, São Paulo, ED.1, Especial, abr. 2003. p. 48.

Entre novembro e dezembro de 1966, foram iniciadas as sessões que dariam origem ao álbum SPLHCB. Como parte dessas mesmas sessões, os Beatles começaram as gravações das canções *Strawberry Fields Forever/ Penny Lane*, que seriam lançadas em fevereiro de 1967[273,] apresentando uma prévia do que ainda estava por vir.

3.1.1. A CAPA DO ÁLBUM

Figura 1 – Capa do álbum *Sgt. Pepper's Lonely Hearts Club Band*

Fonte: Wikipedia[274]

---

[273] TURNER, 2014; TURNER, 2018.
[274] Disponível em: https://pt.wikipedia.org/wiki/Sgt._Pepper%27s_Lonely_Hearts_Club_Band. Acesso em: 26 mar. 2024.

Além da música, o álbum foi revolucionário também na sua capa[275]com a "Banda do Sargento Pimenta" atrás de vários arranjos coloridos de flores (ver Figura 1 acima), um deles formando a palavra Beatles, e cercada pelas fotos de várias personalidades[276], tais como Karl Marx, Marilyn Monroe, Bob Dylan, Carl Gustav Jung, Oscar Wilde, Edgar Allan Poe, Fred Astaire, Marlon Brando, os próprios Beatles em início de carreira, entre outros[277]. Outra novidade para a época foi um encarte com a letra de todas as músicas do disco impressas[278].

Idealizada por Paul McCartney, a capa foi criada pelo artista plástico Peter Blake e pelo marchand londrino Robert Fraser[279]. A fotografia da capa foi tirada pelo fotógrafo Michael Cooper e reúne, além da "Banda do Sargento Pimenta", personalidades que os Beatles gostariam de ter como audiência em sua banda imaginária[280].

De acordo com Peter Blake[281],

> Paul e John disseram que eu deveria imaginar que a banda tinha apenas terminado o show, talvez em um parque. Eu então pensei que poderíamos ter uma audiência em pé atrás deles, e a partir disso se desenvolveu a ideia da colagem[282].

---

[275] Não será realizado um estudo formal e sistemático da capa de *Sgt. Pepper's Lonely Hearts Club Band*, sendo que a Figura 1 foi incluída na subseção 3.1.1, apenas para ilustrar a descrição que é feita da capa do álbum, que é um dos elementos que compõem a obra analisada. Essa descrição realça a importância e a revolução do trabalho dos Beatles não apenas no que tange à música e às letras, mas também no seu aspecto físico, ou seja, nas fotografias do disco e nos seus encartes. Para uma investigação dessa natureza, sugere-se utilizar o arcabouço teórico-metodológico proposto por Gunther Kress e Theo van Leeuwen na obra *Reading Images – The Grammar of Visual Design*.

[276] Estão presentes na capa de *Sgt. Pepper* 14 atores, 11 escritores, oito artistas, seis comediantes e quatro músicos (Turner, 2018, p. 388).

[277] Segundo Paul McCartney (Miles, 2010, p. 282): "Jesus e Hitler estavam na lista de John, mas tivemos que descartá-los. John era um cara de extremos, mas não dava para incluir Hitler. Gandhi teve o mesmo destino, pois, de acordo com *sir* Joe Lockwood, presidente da EMI, caso isso não acontecesse, a capa do disco seria vetada na Índia. Algumas pessoas escolhidas tiveram de, simplesmente, cair fora."

[278] MUGIATTI, 1997, p.104-105.

[279] MILES, 2010, p. 282.

[280] BLAKE, Peter. Notes on the cover by Peter Blake. *In*:: THE BEATLES. **Sgt. Pepper's Lonely Hearts Club Band**. London: EMI, 1967 (2009). 1 disco sonoro, 33 ⅓; 12 pol.

[281] *Idem*.

[282] "Paul and John said I should imagine that the band had just finished the concert, perhaps in a park. I then thought that we could have a crowd standing behind them, and this developed into the collage idea."

Devido ao fato de várias dessas personalidades ainda estarem vivas, a EMI, gravadora do grupo, temendo vários processos, pediu por escrito a cada personagem, uma autorização permitindo o uso dessas imagens para a montagem do cenário que estampa o disco[283].

A capa de SPLHCB é, provavelmente, uma das mais parodiadas da história. Entre os vários trabalhos inspirados na imagem do disco, podemos mencionar a foto do álbum *We're only in it for the Money* do grupo the Mothers of Invention[284], lançado em 4 de março de 1968 (Figura 2). No Brasil, o cantor paraibano Zé Ramalho também homenageou o álbum dos Beatles na capa do seu disco Nação Nordestina[285], lançado no ano 2000. Até mesmo o seriado estadunidense *Os Simpsons* parodiou o quarteto inglês na abertura do quinto episódio da oitava temporada de 24 de novembro de 1996[286] (Figura 3). A seguir, encontram-se duas dessas imagens, conforme mencionado.

---

[283] BLAKE, 2009.
[284] Disponível em: https://en.wikipedia.org/wiki/We%27re_Only_in_It_for_the_Money. Acesso em: 26 mar. 2024.
[285] Disponível em: ttps://pt.wikipedia.org/wiki/Na%C3%A7%C3%A3o_Nordestina. Acesso em: 26 mar. 2024.
[286] Disponível em: https://en.wikipedia.org/wiki/Bart_After_Dark. Acesso em: 26 mar. 2024.

Figura 2 – Capa do álbum *We´re only in it for the Money*, do grupo *the Mothers of Invention*

Fonte: Wikipedia[287]

---

[287] Disponível em: https://en.wikipedia.org/wiki/We%27re_Only_in_It_for_the_Money. Acesso em: 26 mar. 2024.

Figura 3 – Abertura do episódio *Bart After Dark*, dos Simpsons

Fonte: Wikipedia[288]

3.1.2. A MÚSICA DE SPLHCB

Como vimos anteriormente, a obra foi concebida como se fosse uma banda imaginária (A banda do Sargento Pimenta) tocando todas as canções do álbum, demonstrando uma complexidade sonora e uma miscelânea de instrumentos jamais vistos em um disco pop. "O ecletismo musical nunca visto (e ouvido) até então misturava rock'n'roll com vaudeville, música indiana com cravos renascentistas e atmosferas psicodélicas com climas circenses"[289].

Para o encerramento da última faixa "A Day in the Life", foi utilizada uma orquestra com 40 músicos que deveriam produzir,

---

[288] Disponível em: https://en.wikipedia.org/wiki/Bart_After_Dark. Acesso em: 26 mar. 2024.
[289] RONDEAU, 2003[1985], p. 48.

segundo John Lennon, um som que evoluísse do nada até fim do mundo. Após o último acorde, foram gravadas, ainda, algumas palavras de trás para frente, seguidas de uma nota na frequência de 20.000Hz, que poderia ser ouvida, apenas, por cães[290].

> Toda esta riqueza de elementos e descobertas fizeram com que a crítica e o mercado do pop em geral abalassem desde as bases. Tinham chegado a um máximo insuperável por qualquer outro grupo. Os avanços de "Pet Sounds", dos Beach Boys, em 1966, eram até agora o mais vanguardista dentro do pop, e rapidamente caíram no esquecimento. As 700 ou mais horas invertidas, as orquestras inteiras e a imaginação utilizada faziam de "Seargent Pepper's Lonely Hearts Club Band" uma fronteira que poucos conseguiram ultrapassar.[291].

Em relação às letras, as canções aludiam desde as mudanças sociais causadas pela cultura jovem, passando por temas como sociabilidade, autoaperfeiçoamento, a vida nos subúrbios ingleses e até mesmo o entretenimento da era vitoriana[292]. A linguagem utilizada era, por vezes, propositalmente antiquada, trazendo uma ambientação eduardiana própria para a época em que a "A Banda do Sargento Pimenta" se apresentava[293].

Os Beatles haviam alcançado um patamar jamais imaginado na música pop, atingindo o seu ponto máximo, desde o lançamento do primeiro single *Love me do/ P.S. I Love you,* em 5 de outubro de 1962. Os "Fab Four", como eram conhecidos os quatro integrantes do grupo, abandonaram por completo o rock adolescente e a fase *yeah, yeah, yeah* dos primeiros anos, demonstrando um incrível amadurecimento artístico, no qual os temas universais e os recantos mais profundos da mente e da percepção começaram a ser explorados. SPLHCB chegou ao primeiro lugar nas paradas de sucesso em todo

---

[290] MUGIATTI, 1997, p. 102.
[291] REVILLA, 1994, p. 44.
[292] TURNER, 2014, p. 185-186.
[293] *Idem.*

mundo e foi abraçado por público e crítica no verão de 1967, também conhecido como "O verão do amor", em que florescia o movimento hippie nos Estados Unidos e cresciam os protestos contra a Guerra do Vietnã[294].

As canções "When I'm 64"; "Lucy in the Sky with Diamonds"; "With a Little Help From My Friends" e a própria "Sgt. Pepper's Lonely Hearts Club Band" também fizeram parte da trilha sonora do bem-sucedido desenho animado *Yellow Submarine*, que chegou aos cinemas britânicos em 17 de julho de 1968, pouco menos de dois anos antes de o fim da banda ser anunciado para o público em 10 de abril de 1970.

3.2. CONSTRUTO TEÓRICO DAS CATEGORIAS A SEREM UTILIZADAS

A partir das estratégias tradutórias oferecidas pelos teóricos revisados no Capítulo 1, subseção 1.1.4., definimos cinco categorias de análise a serem empregadas no estudo das traduções das EIs. A escolha foi feita com base nas características de cada estratégia, assim como, segundo os autores, na frequência de utilização de cada uma das soluções apresentadas, nos mais variados textos.

Observamos, também, que muitas dessas soluções expostas pelos pesquisadores possuem vários aspectos em comum, porém diferindo na nomenclatura utilizada. Levando em conta todas essas diferenças e similaridades, elegemos as seguintes categorias para a presente pesquisa:

- *Tradução literal*: Embora seja muitas vezes vista como um erro, Francisco[295] entende como uma solução válida quando aplicada na ausência de qualquer correspondente, desde que o referente do texto-fonte seja reconhecido pela cultura de chegada[296.] Embora seja possível a tradução literal,

---

[294] MUGIATTI, 1997, p. 96-97.
[295] FRANCISCO, 2010, p. 96.
[296] TAGNIN, 1988.

nem sempre será possível manter o status de expressão idiomática no texto traduzido.

- *Tradução por EIs correspondentes*: Esta solução parece ser a ideal, embora, segundo Baker[297], ocorra em poucas situações, apesar de muitas culturas compartilharem uma visão de mundo semelhante[298]. Identificamos essa solução com o que Francisco[299] chama de *Tradução por correspondente literal*. Francisco[300] afirma que:

  > Independentemente da razão da existência do correspondente literal, essa parece ser a situação mais confortável para o tradutor, pois se trata da mesma imagem empregada em sentido figurado, de modo que os jogos de palavras ou trocadilhos com o sentido literal de seus elementos que o original possa conter terão maior probabilidade de serem reconstituídos na tradução.

- *Tradução por correspondente pragmático*: Como visto no Capítulo 1, subseção 1.1.4., esta solução foi sugerida por todos os teóricos revisados, porém com nomenclaturas diferentes[301], podendo ser utilizado quando encontramos uma expressão idiomática na língua-alvo que exerça a mesma função da expressão da língua-fonte, porém os componentes que formam as duas expressões são distintos.

---

[297] BAKER, 2011, p. 76.
[298] XATARA, 1998, p. 76.
[299] FRANCISCO, 2010, p. 94.
[300] Idem.
[301] Conforme já discutido no Capítulo 1, seção 1.1.4., encontramos semelhanças entre o que Tagnin (1988) chama de empregar um equivalente pragmático e a estratégia de *Tradução por correspondente não literal* utilizada por Francisco (2010). As mesmas características são verificadas em Xatara (1998), ao se referir à tradução de EIs por *idiomatismos completamente diferentes*, e, também, são observados os mesmos conceitos em Baker (2011) ao utilizar uma expressão idiomática de significado semelhante, mas forma diferente.

- *Tradução por correspondente não idiomático*: Baker[302] e Francisco[303] se referem à Tradução por omissão quando não for possível parafrasear a expressão do texto-fonte, ou quando for necessária uma adaptação por razões estilísticas. Conforme visto no Capítulo 1, subseção 1.1.4., Baker[304] divide essa solução em *Tradução por omissão de um jogo de palavras em uma expressão idiomática* e *Tradução por omissão de toda a expressão idiomática*.

Optamos pelo termo "correspondente não idiomático", por tratar-se de uma tradução em que o sentido da frase foi mantido, porém a expressão idiomática foi "apagada", ou substituída por outro item lexical não idiomático, ou seja, por uma única palavra "transparente".

- *Tradução por paráfrase*[305]: Segundo Baker[306], esta é, "de longe", a forma mais comum de se traduzir uma expressão idiomática. Como visto no Capítulo 1, subseção 1.1.4., essa solução é sugerida, também, por Francisco[307] e Xatara[308]. Semelhante à Tradução por paráfrase, Tagnin[309] oferece a opção de explicitar a expressão da língua-fonte na língua-alvo, ou seja, a própria tradução explica o significado da EI do texto-fonte.

As categorias de análise propostas para a presente pesquisa podem ser resumidas conforme o quadro a seguir:

---

[302] BAKER, *op. cit.*, p. 84-85.
[303] FRANCISCO, *op. cit.*, p. 112.
[304] BAKER, 2011.
[305] Castilho (2010, p. 687) define paráfrase como: "Estratégia de construção textual, que consiste na reelaboração de um elemento do texto (=matriz ou elemento reformulado) por meio de outro elemento (=paráfrase), que tem conteúdo semelhante ao da matriz. A paráfrase traduz, em outras palavras, o sentido da matriz".
[306] BAKER, *op. cit.*, p. 80.
[307] FRANCISCO, 2010.
[308] XATARA, 1998.
[309] TAGNIN, 1988.

Quadro 4 – Resumo das categorias de análise utilizadas na pesquisa

---
- Tradução literal;

- Tradução por EIs correspondentes;

-Tradução por correspondente pragmático;

- Tradução por correspondente não idiomático;

-Tradução por paráfrase.

Fonte: o autor

Após apresentação das categorias de análise que serão utilizadas na nossa pesquisa, com base na teoria exposta no Capítulo 1, subseção 1.1.4., exibiremos, na sequência, os passos metodológicos utilizados na análise da fonte de dados.

3.3. PASSOS METODOLÓGICOS PARA COLETA DE DADOS

As traduções selecionadas para esta pesquisa foram retiradas das obras *The Beatles – Letras e canções comentadas,* com projeto e edição de Elaine de Almeida Gomes e traduções de Leda Pasta (2004), e *Paul McCartney – Poemas e Letras*, de Adrian Mitchell, traduzido por Márcio Borges (2001) e que traz músicas e poemas escritos, apenas, pelo ex-Beatle. Também foram utilizadas as traduções divulgadas por Eduardo Henrique Berti para o site *Beatles HP* entre 1997 e 2009, após uma ampla pesquisa on-line, na tentativa de encontrar sites oficiais ou extraoficiais que contivessem as letras da banda com suas respectivas traduções. A opção pela página se justificou por julgarmos a mais adequada para a nossa pesquisa, devido à estrutura dessa página e, também, pela quantidade de informações que estão em consonância com o referencial teórico utilizado neste trabalho.

Na obra de Elaine de Almeida Gomes e Leda Pasta, foram encontradas as traduções de todas as letras, porém, devido a questões de direitos autorais (ver seção JUSTIFICATIVA E RELEVÂNCIA DA PESQUISA, na introdução da obra), o texto em língua portuguesa foi modificado para traduções em forma de comentário.

No livro traduzido pelo músico Márcio Borges, obteve-se, apenas, algumas traduções, todas compostas por Paul McCartney, com o quarteto de Liverpool, ou na sua carreira pós-Beatles. Borges[310] afirma que não pensou em critérios musicais para as suas traduções, ou como o próprio tradutor menciona: "Portanto, traduzi sem preocupação de fazer as palavras caberem dentro da música; antes tentei acentuar o sabor do poema." Já o site *Beatles HP* apresentou a tradução de 10 das 13 músicas do álbum SPLHCB, porém não encontramos nenhuma menção aos critérios utilizados pelo tradutor.

Optamos por não utilizar traduções de sites com letras de música da internet, tais como *Vagalume* e *Letras.mus.br*, por desconhecimento da autoria das traduções e por se tratar de sites que podem facilmente ser alterados pelo público em geral. Outra questão a ser considerada, ao mencionarmos esses sites, são os avanços dos tradutores automáticos e das inteligências artificiais nos últimos anos. Nos dias de hoje, essas traduções de sites contendo letras de canções, pelas suas características e, principalmente, pela sua literalidade, aparentemente, fazem uso dessas tecnologias para a criação de versões do texto-fonte para língua de chegada, sem a necessária interferência humana. Devido a esses critérios estabelecidos para seleção de dados, foi tomada a decisão metodológica de restringir a investigação a traduções publicadas em livros e a um site brasileiro de caráter extraoficial.

3.3.1. IDENTIFICAÇÃO MANUAL DAS EIs NO TEXTO-FONTE

Após análise de todas as letras contidas nas canções em inglês, foram identificadas e selecionadas as expressões com base nos critérios estudados no Capítulo 1 deste livro, de forma manual, ou seja,

---

[310] BORGES, 2001, p. 24.

por meio da leitura dos textos na língua-fonte. Essa seleção manual ocorreu por se tratar de textos curtos e, também, devido à pequena quantidade de letras analisadas (13 letras em apenas 1 álbum). Para nos certificarmos de que se tratava mesmo de EIs da língua inglesa ou, no caso das traduções, da língua portuguesa, confirmamos essas informações por meio de dicionários gerais, impressos ou on-line, além de dicionários especializados em expressões idiomáticas.

3.3.2. IDENTIFICAÇÃO MANUAL DAS ESTRATÉGIAS DE TRADUÇÃO

Após a seleção dos termos em inglês (ver subseção 3.3.1), verificamos como foram realizadas as suas traduções, também, por meio da leitura dos textos em PB e, posteriormente, analisamos de que forma as categorias propostas na seção 3.2 puderam ser observadas nos textos em PB. Para uma visualização geral das expressões idiomáticas, foi criado um quadro demonstrando de forma resumida as EIs com suas respectivas traduções e, também, as músicas nas quais essas expressões foram identificadas (ver seção 4.1).

Ao final, apresenta-se um quadro comparativo com as traduções efetuadas (ver apêndices), no qual pudemos obter uma visão global dos excertos traduzidos, além de verificarmos os resultados obtidos e as significações produzidas na tradução de cada expressão idiomática.

3.4. METODOLOGIA PARA A ANÁLISE E DISCUSSÃO DOS DADOS

Após seleção das músicas e identificação das expressões idiomáticas com base no referencial teórico, visto no Capítulo 1, e confirmadas por meio dos dicionários, é feita a análise das traduções.

Para melhor visualização, apresentam-se pequenos quadros elaborados para a análise de cada letra, contendo os excertos, com as expressões idiomáticas, e suas respectivas traduções identificando o trabalho de cada tradutor para, na sequência, ser feita a classificação dessas traduções de acordo com o quadro de categorias proposto na seção 3.2.

Antes de cada análise, é apresentado um pequeno histórico de cada canção, para nos auxiliar no exame de cada termo encontrado. Ao todo selecionamos oito das 13 letras das músicas que fazem parte do álbum, por conterem uma ou mais expressões idiomáticas. Tendo em mãos todos os dados selecionados, é feita, no Capítulo 4, a investigação das traduções levando em conta todos os estudos realizados no Capítulo 1, assim como o contexto de cada composição, além das condições de produção de cada texto traduzido.

Neste capítulo foram apresentadas informações gerais sobre SPLHCB, no qual foram expostos aspectos referentes às canções e também aos demais elementos que compõem a obra, além de discorrermos sobre o impacto proporcionado pelo disco na cultura popular. Também foram abordadas questões referentes à metodologia empregada e também às categorias utilizadas na investigação das traduções. No próximo capítulo, será realizada a análise das letras traduzidas e, ao final, serão trazidas algumas reflexões sobre os resultados obtidos.

CAPÍTULO 4

EXPRESSÕES IDIOMÁTICAS NAS TRADUÇÕES DAS LETRAS DE *SGT. PEPPER'S LONELY HEARTS CLUB BAND*

> *Living is easy with eyes closed*
> *Misunderstanding all you see*
> *(Strawberry Fields Forever –*
> *Lennon/McCartney)*

Após a revisão teórica sobre a estruturação e a formação das expressões idiomáticas, assim como sobre as estratégias sugeridas por pesquisadores para a tradução dessas expressões, vistas no Capítulo 1, apresentaremos, neste quarto capítulo, a análise das traduções das letras de SPLHCB, assim como discutiremos os resultados da pesquisa com base nas categorias oferecidas na seção 3.2 do capítulo anterior.

Enfatiza-se que essa pesquisa é feita no par linguístico inglês-português brasileiro (PB) para o estudo da nossa fonte de dados, que se limitará, apenas, à análise das expressões idiomáticas contidas nas letras das canções do álbum SPLHCB, dos Beatles.

São identificadas, ao todo, 13 expressões idiomáticas, nos textos em inglês, distribuídas em oito das 13 letras das músicas que compõem o álbum, contabilizando um total de 31 traduções, conforme o quadro apresentado na seção seguinte.

4.1. VISUALIZAÇÃO DAS OCORRÊNCIAS EM QUADROS

Para uma melhor visualização das ocorrências de expressões idiomáticas encontradas nas letras de SPLHCB, é elaborado um quadro contendo as seguintes informações:

Coluna 1: As canções em que foram identificadas as EIs;
Coluna 2: As expressões idiomáticas encontradas em cada letra;
Coluna 3: As traduções de Leda Pasta (LP);
Coluna 4: As traduções do site Beatles HP (BHP);
Coluna 5: As traduções de Márcio Borges (MB).

Ao final desse quadro, é proposta uma legenda para identificação das letras em que não houve ocorrências de EIs e, também, para observação das letras das músicas que não foram traduzidas por um ou mais autores. A seguir, podemos observar esse quadro contendo as informações acima descritas.

Quadro 5 – Tradução das expressões idiomáticas

Música	EI(s)	PASTA	BEATLES HP	BORGES
1. Sgt. Pepper's Lonely Hearts Club Band	In and out of style	Entrado e saído de moda	Um pouco fora de estilo	Entrando e saindo de moda
2. With a Little Help From my Friends	Out of tune	Fora de tom	Desafinado	X
	Walk out on me	Acompanharia	Viria em mim	X
	Out of key	Desafinar	Fora de tom	X
3. Lucy in the Sky with Diamonds	Towering over your head	Crescem como torres na sua cabeça	Erguendo sobre sua cabeça	X
4. Getting Better	S.E.			
5. Fixing a Hole	S.E.			
6. She's Leaving Home	S.E.			
7. Being for the Benefit of Mr. Kite!	Topping the bill	Atração principal	X	X
8. Within You Without You	S.E			
9. When I'm Sixty-Four	Scrimp and save	Economizar e poupar	Economizar, juntar dinheiro	Racionar e economizar
	Drop me a line	Escreva uma linha	Escreva uma linha	Rabisque uma linha

10. Lovely Rita	Tow your heart away	Guincha o coração dela *	Reboco o seu coração	Reboco o seu coração	
11. Good Morning Good Morning	It's up to you	É com você	É você quem decide	X	
12. Sgt. Pepper's Lonely Hearts Club Band (Reprise)	S.E.				
13. A Day in the Life	Made the grade	Tinha uma boa grana	Se deu bem	X	
	Blew his mind	Estourou seus miolos	Estourou sua cabeça	X	
	Found my way **	Encontrou seu rumo (2x)	Subi/desci	X	

S.E. – Letra traduzida, porém sem expressão idiomática.

X – A letra da música não foi traduzida pelo autor

* – A autora fez uma tradução explicativa em 3º pessoa

** – A expressão aparece duas vezes na música *"found my way upstairs"* e *"found my way downstairs"*

Fonte: o autor

Conforme observado no quadro acima, nem todas as letras foram traduzidas pelos autores analisados, e, em alguns casos, foram realizadas traduções de letras que não continham expressões idiomáticas.

De acordo com a metodologia descrita no Capítulo 3, para o início desta discussão, cada letra de música foi examinada em busca de expressões idiomáticas e, posteriormente, após a identificação dessas EIs, as expressões foram analisadas considerando, em primeiro lugar, as características de cada enunciado e, posteriormente, os critérios estudados no Capítulo 1 da pesquisa no que tange à definição e à caracterização dessas lexias; na sequência, confirmamos o significado dos termos por meio de dicionários específicos e gerais, impressos e on-line.

4.2. ANÁLISE DA FONTE DE DADOS

Após revisão da teoria e descrição da metodologia utilizada, observadas nos Capítulos 1 e 3, nesta seção, apresenta-se a análise das traduções e, na sequência, a discussão dos resultados obtidos neste estudo. Todas as composições analisadas são de autoria de Lennon/McCartney. A única canção do disco composta por Harrison, "Within you Without you", não contém expressões idiomáticas na sua letra, sendo, dessa forma, excluída da nossa pesquisa. As letras de outras quatro canções, "Getting Better", "Fixing a Hole", "She's Leaving Home", além de uma reprise da faixa-título contendo apenas oito versos e um refrão, também não foram inclusas neste trabalho por não encontrarmos nenhuma expressão idiomática nos seus textos.

Embora o objetivo da pesquisa não tenha sido realizar uma avaliação crítica das traduções, pudemos observar que algumas das escolhas, dos três tradutores, foram bastante questionáveis, causando certo estranhamento na leitura do texto-alvo, talvez pelas restrições impostas relacionadas a questões de direitos autorais (ver seção JUSTIFICATIVA E RELEVÂNCIA DA PESQUISA na introdução do livro) para as traduções, ou mesmo pela própria dificuldade em se traduzir uma EI. Outro fator que pode ter influenciado nas opções dos autores foi a realização dessas traduções sem a consideração de critérios musicais, pois os textos tiveram como objetivo a apresentação apenas das letras das canções para a compreensão do público que não tem conhecimento da língua inglesa. Importante ressaltar que a sequência das letras analisadas, nas próximas subseções, segue a ordem na qual as músicas aparecem no álbum.

4.2.1. "Sgt. Pepper's Lonely Hearts Club Band"[311]

Composta por Lennon/McCartney, a letra da canção que abre o álbum, de mesmo nome, fala de uma banda imaginária, ou uma espécie de *alter ego* dos Beatles[312]. A intenção inicial era de que essa faixa fosse a canção de abertura de uma opereta[313], trazendo a impressão de se tratar de um álbum conceitual, porém a ideia para essa opereta não teve sequência e apenas as três primeiras canções do disco estão interligadas[314]. Ao final da primeira canção, é apresentado o personagem Billy Shears, que é representado por Ringo Starr, que dá sequência à performance cantando a faixa seguinte, "With a little help from my friends"[315].

Logo na primeira estrofe da letra da canção, encontra-se a expressão *in and out of style*, traduzida por Pasta (LP), como "entrado e saído de moda". Já Borges (MB) utilizou "entrando" e "saindo de moda", enquanto Berti (BHP) optou por "um pouco fora de estilo", conforme vemos no quadro a seguir:

---

[311] O título é, também, uma paródia de bandas dos Estados Unidos que escolhiam nomes muito longos para os seus grupos (http://www.songfacts.com).
[312] PASTA, 2004. p. 237; TURNER, 2014, p. 190-191.
[313] O dicionário Houaiss (2001, p. 2070) define opereta como: 1. tipo de teatro musicado, de caráter leve, incluindo diálogos falados 2. pequena peça ou ópera desse gênero.
[314] PASTA, 2004. p. 237; TURNER, 2014, p. 190-191.
[315] *Ibidem*.

Quadro 6 – Traduções de "Sgt. Pepper's Lonely Hearts Club Band"

Estrofe	PASTA	BERTI (BEATLES HP)	BORGES
It was twenty years ago today *Sgt. Pepper taught the band to play* *They've been going <u>in and out of style</u>* *But they're guaranteed to raise a smile*	Hoje faz vinte anos que o Sargento Pimenta ensinou a banda a tocar. O grupo tem <u>entrado e saído de moda,</u> mas garante que provoca um sorriso.	Isso foi há vinte anos atrás O Sargento Pimenta ensinava a banda a tocar Eles estavam <u>um pouco fora do estilo</u> Mas eles garantiam fazer-nos sorrir	Há vinte anos do dia de hoje Foi que o Sargento Pimenta ensinou a banda a tocar Eles vêm <u>entrando e saindo de moda,</u> Mas é garantido que fazem sorrir.

Fonte: o autor

O dicionário on-line *The Free Dictionary* apresenta as expressões *in style*, definida como "Lit. na moda; Fig. elegante luxuoso"[316], e *out of style (out of fashion)*, como "fora de moda, antigo, obsoleto"[317]. Segundo classificação de Tagnin[318], as duas expressões parecem ser de fácil decodificação, pois a própria imagem dos dois enunciados deixa transparecer o seu significado. Aparentemente, nos três textos, observa-se o uso da Tradução por paráfrase.

4.2.2. "With a Little Help From My Friends"

Mais uma composição de Lennon/McCartney, a música foi concebida junto com a faixa-título, como se fosse uma só canção (ww.songfacts.com/). Conforme visto na subseção anterior, essa canção deveria ter sido a segunda música de uma opereta na voz Ringo Starr interpretando o personagem Billy Shears[319].

---

[316] "Lit. in fashion; fashionable; Fig. in elegance; in luxury"
[317] "not fashionable; old-fashioned; obsolete"
[318] TAGNIN, 2005.
[319] PASTA, 2004, p. 239.

Apenas LP e BHP traduziram a letra dessa canção, e logo na primeira estrofe são identificadas três expressões idiomáticas:

Quadro 7 – Traduções de "With a Little Help From My Friends"

Estrofe	PASTA	BERTI (BEATLES HP)
What would you think if I sang <u>out of tune</u> Would you stand up and <u>walk out on me</u> Lend me your ears and I'll sing you a song And I'll try not to sing <u>out of key</u>.	Pergunta o que uma pessoa acharia se ele cantasse <u>fora do tom</u>, se esta pessoa se levantaria e o <u>acompanharia</u>? Pede que ela empreste a ele seus ouvidos, ele vai cantar para ela e vai tentar não <u>desafinar</u>.	O que você pensaria se eu cantasse <u>desafinado</u> Você se levantaria e <u>viria em mim</u> Me empreste suas orelhas e eu cantarei uma canção para você E eu tentarei não cantar <u>fora do tom</u>.

Fonte: o autor

A EI *out of tune* parece ser de fácil decodificação, pois a relação imagem/significado é bastante clara, não havendo problemas de interpretação. Já *walk out on me*, de acordo com a classificação de Tagnin[320], no que se refere ao grau de complexidade semântica (ver quadro 2, Capítulo 1), pode ser entendia como uma expressão metafórica, pois há uma necessidade de se conhecer a imagem aludida a um dos termos da EI (*walk out*/"andar para fora"), para se chegar ao seu significado.

Para o dicionário on-line *The Free Dictionary*, a expressão *out of tune* possui duas definições: "1 Lit. Não estar em harmonia musical com alguém ou algo e 2 Fig. Não estar de acordo com alguém ou algo"[321]. Já a expressão *walk out on somebody/something* foi categori-

---

[320] TAGNIN, 2005.
[321] "1 Lit. not in musical harmony with someone or something; 2 Fig. not in agreement with someone or something."

zada de forma distinta por dois dicionários. Para o *Oxford Advanced Learner's Dictionary*[322], essa expressão foi classificada como um *phrasal verb*[323] significando: "1 (informal) deixar repentinamente alguém com quem está se relacionando e com quem você tem responsabilidades; 2 (informal) deixar de fazer algo com o que havia concordado antes de terminar"[324]; enquanto o dicionário on-line *The Free Dictionary* a define como um *idiom,* significando: "terminar de repente uma relação com alguém ou algo"[325]. Percebe-se certa ambiguidade no uso dessa expressão, na letra, pois ao "cantar fora do tom" o interlocutor poderia tanto se afastar de quem está cantando, ou, de acordo com restante da composição, se aproximar com "uma ajudinha dos amigos."

Já o termo *out of key* foi definido por Ayto[326] como "fora de harmonia"[327], enquanto para o dicionário on-line a expressão significa "não estar em consonância com outros fatores"[328]. Segundo a classificação quanto ao grau de complexidade semântica, a EI pode ser considerada de difícil compreensão visto que, embora seja possível afirmar que *out of* apresenta-se como uma combinação transparente, a palavra *key,* para o sentido dessa EI, possui uma alta opacidade.

De acordo com a proposta de análise deste estudo, observa-se que LP optou pela tradução literal da primeira expressão. Para as demais expressões, observou-se o uso, pela tradutora, de correspondentes não idiomáticos, pois os termos em inglês foram traduzidos pelas palavras "acompanharia" e "desafinar".

---

[322] OXFORD ADVANCED LEARNER'S DICTIONARY, 2000, p. 1453.

[323] Segundo o *Collins Cobuild English Usage* (2005, p.607), um *phrasal verb* é uma combinação de um verbo e um advérbio, um verbo e uma preposição, ou um verbo, um advérbio e uma preposição, que juntas possuem um único significado. O advérbio ou preposição é também chamado de *partícula*. Tradução de: "A **phrasal verb** is a combination of a verb and an adverb, a verb and a preposition, or a verb, an adverb, and a preposition, which together have a single meaning. The adverb or preposition is also called a **particle**."

[324] "1 (*informal*) to suddenly leave sb that you are having a relationship with and that you have a responsibility for; 2 (*informal*) to stop doing sth that you have agreed to do before it is completed."

[325] "to suddenly end your relationship with someone or something."

[326] AYTO, 2009, p. 193.

[327] "in (or out of) key: in(or out of) harmony".

[328] "Not in consonance with other factors."

BHP traduziu a expressão out of tune pelo correspondente não idiomático "desafinado". Para a expressão *walk out on me*, o tradutor mudou o sentido dicionarizado da EI, desfazendo, dessa forma, a ambiguidade trazida na letra original. A opção por "viria em mim" pode ser interpretada como uma paráfrase, levando-se em conta o sentido da expressão escolhido por BHP. O termo *out of key*, traduzido por "fora do tom", entendemos também como uma paráfrase.

4.2.3. "Lucy in the Sky with Diamonds"

A terceira canção do disco é uma viagem surrealista repleta de sobreposições de imagens influenciadas por *Alice no País das Maravilhas* e *Através do Espelho* de Lewis Carroll, um dos autores favoritos de John Lennon[329]. A música foi proibida de ser executada pela BBC por suspeita de referência ao uso de drogas, devido às iniciais do título, que formam a sigla LSD[330][331]. Segundo o próprio Lennon, a canção não tinha nenhuma relação com a droga[332], justificando que o título se baseou em um desenho que seu filho, Julian, havia feito na escola[333]. "O que aconteceu foi que o filho de John, Julian, fez um desenho na escola, e quando trouxe para casa, John disse: o que é isso? E ele respondeu: 'É Lucy no céu com diamantes'"[334][335]. Conforme mencionado nas subseções anteriores, essa canção poderia fazer parte da terceira música de uma opereta, na qual seria retratado o lugar e a personagem que atuaria junto com o cantor Billy Shears[336].

Foi identificada a expressão *Towering over your head*, também categorizada de forma distinta por dois dicionários. Segundo o *Oxford*

---

[329] REVILLA,1994, p.42; PASTA, 2004, p. 241;TURNER, 2014, p.194,195; http://www.songfacts.com/detail.php?id=120.

[330] Ver seção 3.1

[331] PASTA, 2004, p. 241.

[332] TURNER, *op. cit.*, p. 194; http://www.songfacts.com/detail.php?id=120.

[333] PASTA, 2004; TURNER, 2014.

[334] REVILLA, *op. cit.*, p. 42.

[335] Acredita-se que Lucy tenha sido Lucy O'Donnel, colega de sala de Julian Lennon (Pasta, 2004, p. 241; Turner, 2014, p.194-195; http://www.songfacts.com/detail.php?id=120).

[336] PASTA, 2004, *loc. cit.*

Advanced Learner's Dictionary[337], *a expressão tower over/above sb/sth* seria classificada como um *phrasal verb* significando:"1 ser muito mais alto que as pessoas ou coisas próximas; 2 ser melhor que os outros em habilidade, qualidade, fama e etc."[338] Já o dicionário on-line *The Free Dictionary* define a expressão *tower over someone or something* como um *idiom* e apresenta como significado "ser mais alto que alguém, ou alguma coisa"[339].

BHP traduziu a expressão como "erguendo pela sua cabeça", enquanto LP optou por "crescem como torres sobre sua cabeça", conforme podemos observar na estrofe a seguir:

Quadro 8 – Traduções de "Lucy in the Sky with Diamonds"

Estrofe	PASTA	BERTI (BEATLES HP)
Cellophane flowers of yellow and green <u>*Towering over your head*</u> *Look for the girl with the sun in her eyes and she's gone*	Flores de celofane, amarelas e verdes, <u>crescem como torres sobre sua cabeça.</u> Procure a garota que tem o sol nos olhos e ela se foi.	Flores de celofane em amarelo e verde <u>Erguendo sobre sua cabeça</u> Procurando pela garota com o sol nos seus olhos E ela se foi

Fonte: o autor

Segundo os critérios de análise, a tradução de LP pode ser descrita como sendo próxima a uma Tradução literal, principalmente pelo uso da palavra "torres" no seu texto. Para a tradução de BHP, podemos considerar como o uso de Tradução por paráfrase.

---

[337] **Oxford Advanced Learner's Dictionary.** 6 ed. Oxford: Oxford University Press, 2000. p. 1376.
[338] "1 To be much better or taller than the people or things that are near 2 to be much better than the others in ability, quality, fame, etc."
[339] "to stand much taller than someone or something"

4.2.4. "Being for the Benefit of Mr. Kite!"

A sétima canção do álbum foi toda escrita com base em um cartaz do Circus Royal de Pablo Fanque de 14 de fevereiro de 1843[340]. Segundo Turner[341]:

> Impresso em 1843, o cartaz orgulhosamente anunciava que o Circus Royal de Pablo Faque apresentaria "a maior noite da temporada" em Town Meadows, Rochdale Lancashire. A produção seria "em benefício do sr. Kite" e apresentaria "o sr. J. Henderson, o famoso saltador", que "apresentaria seus extraordinários saltos de trampolim e cabriolas sobre homens e cavalos, por entre argolas, por entre jarreterias e, por último, por entre uma barrica em chamas. Nessa área da profissão, o sr. H desafia o mundo". Dizia-se que os srs. Kite e Henderson garantiam ao público que "a produção da noite, que levou alguns dias de preparação, seria uma das mais esplêndidas já produzidas pela cidade."

No último verso da canção, identifica-se a expressão *topping the bill*. Para Ayto[342], a expressão *top (or head) the bill* significa: "ser a atração ou ato principal em uma apresentação"[343]. Segundo Tagnin[344], podemos considerar a EI como totalmente idiomática, pois não há nenhuma relação entre a imagem aludida pela expressão e o seu significado.

Para a letra dessa canção, apenas a tradução de LP foi encontrada. A tradutora optou por traduzir a única expressão idiomática da canção por "atração principal", sendo entendida como mais uma Tradução por paráfrase, conforme Quadro 9 a seguir.

---

[340] PASTA 2004, p. 249; TURNER, 2014, p. 202-203.
[341] TURNER, *op. cit.*, p. 202.
[342] AYTO, John. **Oxford Dictionary of English Idioms**. Oxford: Oxford University Press, 2009. p. 29.
[343] "Be the main performer or act in a show, play, etc."
[344] TAGNIN, 2005.

Quadro 9 – Tradução de "Being for the Benefit of Mr. Kite!"

Estrofe	PASTA
The band begins at ten to six when Mr. K performs his tricks without a sound And Mr. H will demonstrate ten summersets he'll undertake on solid ground Having been some days in preparation a splendid time is guaranteed for all And tonight Mr. Kite is <u>topping the bill.</u>	A banda começa ás dez para as seis, quando o Sr. K. realiza seus truques sem um som. E o Sr. H. vai fazer uma demonstração virando dez cambalhotas no chão. Depois de alguns dias de preparação, é garantido que todos vão passar um tempo esplêndido. E esta noite o Sr. Kite é a <u>atração principal.</u>

Fonte: o autor

4.2.5. "When I'm Sixty-Four"

Nesta canção, a nona do álbum, embora tenha sua composição atribuída a dupla Lennon/McCartney, a maior parte da letra foi escrita por Paul McCartney[345]. "When I'm Sixty-Four" foi a primeira faixa gravada para o álbum em dezembro de 1966[346] e foi composta quando o ex-Beatle tinha por volta de 15 anos de idade, na segunda metade da década de 1950[347].

Segundo Turner[348]: "A canção foi escrita como uma carta de um jovem sem muitas habilidades sociais que parece estar tentando conquistar uma garota que mal conhece." Na letra de "When I'm Sixty-Four", foram identificadas duas expressões idiomáticas, conforme Quadro 10 a seguir:

---

[345] PASTA, 2004, p. 253; TURNER, 2014, p.206-207.
[346] TURNER, 2018, p. 411.
[347] *Idem*, 2014, p. 207.
[348] *Ibidem*, p. 208.

Quadro 10 – Traduções de "When I'm Sixty-Four"

Estrofes	PASTA	BERTI (BEATLES HP)	BORGES
Every summer we can rent a cottage in the Isle of Wight, if it's not too dear We shall <u>scrimp and save</u> Grandchildren on your knee Vera, Chuck, and Dave.	Eles podem alugar um chalé na Ilha de Wright todo verão, se não for muito caro. Eles deverão economizar e poupar. Os netos no colo dela, Vera, Chuck e Dave.	Todo verão nós podemos alugar um chalé na Ilha de Wight, se não for muito caro Nós podemos <u>economizar, juntar dinheiro</u> Netos no nosso joelho Vera, Chuck e Dave.	Todo verão podemos alugar um chalé na Ilha de Wight Se não for muito caro; Podemos <u>racionar e economizar</u>, Os netinhos em seu colo - Vera, Chuck e Dave.
Send me a postcard, <u>drop me a line</u> stating point of view indicate precisely what you mean to say yours sincerely wasting away.	Ele pede que ela lhe mande um cartão postal, <u>escreva uma linha</u>, expondo um ponto de vista, indicando precisamente o que ela quer dizer, atenciosamente, dispensando,	Mande-me um cartão-postal, <u>escreva uma linha</u> Expressando seu ponto de vista Explique precisamente o que você quer dizer Com sinceridade,	Mande-me um postal, <u>rabisque uma linha</u>, Declarando ponto de vista, Indique precisamente o que quer dizer Sinceramente sua, estou me esgotando.

Fonte: o autor

A definição da expressão *scrimp and save* foi encontrada apenas no dicionário on-line *The Free Dictionary*, que a define como: "gastar muito pouco dinheiro, especialmente por estar economizando para comprar algo caro"[349]. Para a expressão *drop someone a line*[350], temos:

---
[349] "to spend very little money, especially because you are saving it to buy something expensive."
[350] AYTO, 2009, p. 104.

"enviar a alguém uma nota ou carta informalmente"[351]. Conforme a classificação de Tagnin[352], a primeira expressão seria de fácil entendimento de acordo com o significado das duas palavras quando utilizadas individualmente em enunciados não idiomáticos[353], enquanto para a segunda expressão teríamos uma EI de difícil compreensão, pois a palavra drop, normalmente utilizada com o sentido de "derrubar"[354], dentro da EI assumiu o significado de "escrever".

Para "When I'm Sixty-Four", os trabalhos dos três tradutores são muitos semelhantes. De acordo com os critérios de análise, as três traduções da primeira EI apresentaram o sentido literal da expressão de origem.

Na expressão *drop me a line*, foi utilizada a Tradução por paráfrase, sendo que LP e BHP optaram pela mesma escolha lexical para o texto traduzido, enquanto MB optou por "rabisque uma linha", ao invés de "escreva uma linha."

4.2.6. "Lovely Rita"

A décima canção do álbum pode ter sido inspirada em uma multa de trânsito entregue a Paul McCartney, por exceder o limite de tempo ao deixar o seu carro em um estacionamento rotativo, emitida pela policial Meta Davies[355]. Na letra de "Lovely Rita", foi identificada a expressão *tow your heart*, traduzida pelos três autores analisados, conforme Quadro 11 a seguir:

---

[351] "send someone a note or a letter in a casual manner."
[352] TAGNIN, 2005.
[353] Em pesquisa realizada nos sites http://www.linguee.com.br/, http://www.thefreedictionary.com/ e *Oxford Advanced Learner's Dictionary* (2000, p. 1148), a palavra *scrimp* ("gastar pouco dinheiro") quase sempre apareceu junto com a palavra *save* ("guardar dinheiro").
[354] OXFORD ADVANCED LEARNER'S DICTIONARY, 2000, p. 366.
[355] TURNER, 2014, p. 209.

Quadro 11 – Traduções de "Lovely Rita"

Estrofes	PASTA	BERTI (BEATLES HP)	BORGES
Lovely Rita meter maid nothing can come between us When it gets dark I tow your heart away.	A canção é para a adorável Rita, funcionária do parquímetro. Ele diz que nada pode separá-los. Quando escurece, ele guincha o coração dela.	Adorável Rita, guarda de trânsito Nada pode ficar entre nós Quando ficar escuro eu reboco o seu coração.	Adorável Rita, fiscal do estacionamento, Nada se colocará entre nós Quando escurecer eu reboco seu coração.

Fonte: o autor

Segundo o dicionário on-line *The Free Dictionary*, a expressão *tow someone or something away* significa: "puxar alguma coisa, como um carro ou um barco, utilizando outro carro, ou barco, etc. (O puxar alguém se refere a propriedade de alguém, e não a pessoa em si.)"[356]. Temos aqui uma expressão de fácil decodificação em que o seu sentido pode ser deduzido por meio da análise da EI sem grandes dificuldades, visto que o verbo *tow* segundo o *Oxford Advanced Learner's Dictionary*[357] significa: "puxar um carro ou barco atrás de outro veículo usando uma corda ou uma corrente."[358]

Embora os três tradutores tenham utilizado um léxico diferente, entendemos que todos optaram pelo uso da Tradução por paráfrase para a expressão idiomática encontrada. Apesar de essas traduções estarem também próximas a uma tradução literal, decidimos não as classificar como tal, por acreditarmos que, para se caracterizar como um enunciado traduzido literalmente, todos os itens da expressão deveriam ser textualizados *ipsis litteris* para o PB. Nesse caso teríamos algo como: "puxar o seu coração para longe".

---

[356] "to pull something, such as a car or a boat, away with another car, boat, etc. (The *someone* refers to the property of someone, not the person.)"
[357] OXFORD ADVANCED LEARNER'S DICTIONARY, 2000, p. 1376.
[358] "to pull a car or a boat behind another vehicle, using a rope or chain."

4.2.7. "Good Morning Good Morning"

Décima primeira canção do álbum, a letra foi inspirada por um comercial da Kellog's e por programas de televisão[359]. Escrita em uma fase na qual John Lennon estava desinteressado dos negócios e mais preocupado com questões domésticas, como a leitura de jornais e a assistir a programas de televisão tais como *Meet the Wife* [360] [361].

A expressão *it's up to you*, identificada na letra da canção, é definida pelo dicionário *Oxford Advanced Learner's Dictionary*[362] como: "ser obrigação ou responsabilidade de alguém; ter decisões tomadas por alguém"[363]. Novamente, encontramos uma expressão de difícil compreensão devido à palavra "up" ("para cima"), que não possui, nesse caso, sentido literal. Apenas LP e BHP traduziram a expressão conforme Quadro 12 a seguir:

Quadro 12 – Traduções de "Good Morning Good Morning"

Estrofes	PASTA	BERTI (BEATLES HP)
Nothing to do to save his life *call his wife in* *Nothing to say but what a day* *how's your boy been?* *Nothing to do, it's up to you* *I've got nothing to say but it's O.K.*	Nada a fazer para salvar a vida dele, chame a mulher dele pra dentro. Nada a dizer, mas que dia, como seu menino tem passado? Nada a fazer, é com você. Eu não tenho nada a dizer mas tudo bem.	Nada a fazer para salvar a vida dele Chame sua esposa Nada para dizer, mas que dia Como está seu garoto? Nada para fazer, é você quem decide Eu não tenho nada para dizer, mas tudo bem.

Fonte: o autor

---

[359] PASTA, 2004, p. 257; TURNER, 2014, p. 210.
[360] Comédia de situação (sitcom) apresentado pela BBC entre 1963 e 1966 (https://www.comedy.co.uk/tv/meet_the_wife/)
[361] PASTA, 2004, p. 257; TURNER, 2014, p. 210.
[362] OXFORD ADVANCED LEARNER'S DICTIONARY, *loc. cit.*, p.1428.
[363] "*be up to sb to be sb's duty or responsibility; to be for sb to decide.*"

De acordo com as categorias de análise estabelecidas, entendemos que os dois tradutores optaram por traduzir a expressão utilizando a Tradução por paráfrase.

4.2.8. "A Day in the Life"

Décima terceira e última canção do álbum, a música é uma junção de uma canção inacabada de Paul McCartney com uma canção inacabada de John Lennon[364]. Essa foi mais uma música do álbum que foi censurada pela BBC por sua suposta referência às drogas[365]. A parte da letra escrita por Lennon foi baseada em notícias de jornal da época[366], enquanto o trecho composto por McCartney, e que se encontra no meio da canção de Lennon, fala sobre, segundo o próprio autor, uma reflexão sobre os seus tempos de escola[367].

As letras foram traduzidas por LP e BHP, conforme o Quadro 13 a seguir:

---

[364] TURNER, 2014, p.212.
[365] REVILLA, 1994, p. 44.
[366] PASTA, 2004, p.261; TURNER, 2014, p.211-213.
[367] Idem.

Quadro 13 – Traduções de "A Day in the Life"

Estrofes	PASTA	BERTI (BEATLES HP)
I read the news today oh, boy / About a lucky man who <u>made the grade</u> / And though the news was rather sad / Well, I just had to laugh / I saw the photograph / He <u>blew his mind out in a car</u> / He didn't notice that the lights had changed / A crowd of people stood and stared / They'd seen his face before / Nobody was really sure if he was from the House of Lords.	Ele diz que leu os jornais hoje, sobre um homem de sorte que <u>tinha uma boa grana</u>. E apesar da notícia ser bem triste, ele simplesmente teve que rir. Ele viu a foto. O homem <u>estourou seus miolos dentro de um carro</u>, não notou que o semáforo tinha mudado. Uma multidão parou e ficou olhando. As pessoas tinham visto a cara dele antes, ninguém tinha certeza se ele era da Casa dos Lordes.	Eu li as notícias hoje, oh cara / Sobre um homem sortudo que <u>se deu bem</u> / E apesar das notícias serem bem tristes / Bom, eu tive de rir / Eu vi a fotografia, Ele <u>estourou sua cabeça num carro</u> / Ele não percebeu que o sinal havia mudado / Uma multidão parou e ficou olhando / Eles já haviam visto aquele rosto antes / Ninguém tinha muita certeza se ele era da Câmara dos Lordes.
Woke up, fell out of bed / Dragged a comb across my head / <u>Found my way downstairs</u> and drank a cup / And looking up I noticed I was late / Found my coat and grabbed my hat / Made the bus in seconds flat / <u>Found my way upstairs</u> and had a smoke, / Somebody spoke and I went into a dream	Diz que acordou, saiu da cama, arrastou um pente pela cabeça. <u>Encontrou seu rumo descendo a escada</u> e tomou uma xícara. Olhando pra cima, notou que estava atrasado. Encontrou seu paletó e agarrou seu chapéu, alcançou o ônibus no segundo exato. <u>Encontrou seu rumo subindo a escada</u> e deu uma fumada. Alguém falou e ele foi pra dentro de um sonho.	Acordei, saí da cama / Passei um pente nos meus cabelos / <u>Desci</u> as escadas e tomei um café / E quando melhorei, percebi que estava atrasado / Encontrei meu casaco e peguei meu chapéu / Tomei um ônibus em segundos / <u>Subi</u> para o andar de cima e fumei um cigarro / E alguém falou e eu comecei a sonhar

Fonte: o autor

Para o primeiro excerto, foram encontradas definições para as duas primeiras expressões nos três dicionários utilizados na pesquisa. Ayto[368] define *make the grade* como "ter sucesso, alcançar um padrão desejado"[369], enquanto para o *Oxford Advanced Learner's Dictionary*[370] a mesma expressão significa "alcançar um determinado padrão, ter sucesso"[371]. Foi encontrada também a definição do dicionário on-line *The Free Dictionary* para essa expressão como: "ser satisfatório, ser o que é esperado."[372] Segundo a classificação de Tagnin[373], podemos considerar essa EI como totalmente idiomática, não havendo qualquer relação entre os termos que compõem a expressão e o significado atribuído a ela.

As traduções de LP e BHP ocorreram de forma distinta para essa primeira expressão. Embora o resultado tenha sido diferente para os dois tradutores, em ambos os casos verificamos Traduções por paráfrase, mantendo um sentido semelhante à EI de origem, embora na tradução de Pasta esse "sucesso" tenha sido atrelado explicitamente ao sucesso financeiro.

Em relação à segunda EI, para Ayto[374][375], *blow someone's mind* significa "afetar alguém profundamente"[376]. Segundo o *Oxford Advanced Learner's Dictionary*[377], *blow your mind* pode ser definido como "produzir um sentimento muito prazeroso ou chocante"[378]. Foi encontrada também a definição do dicionário on-line *The Free Dictionary*, que apresentou *blow (one's) mind* como "afetar com intensa emoção, tal como incredulidade, excitação, ou choque"[379]. Novamente acreditamos

---

[368] AYTO, 2009, p. 153.
[369] "succeed, reach the desired standard."
[370] *Oxford Advanced Learner's Dictionary*, 2000, p. 558.
[371] "to reach the necessary standard; to succeed."
[372] "to be satisfactory; to be what is expected."
[373] TAGNIN, 2005.
[374] Para Ayto (2009), a expressão surgiu em meados do século 20 para retratar o efeito de alucinógenos, como o LSD.
[375] AYTO, *loc. cit.*, p. 35.
[376] "affect someone very strongly."
[377] OXFORD ADVANCED LEARNER'S DICTIONARY, *loc. cit.*, p. 122.
[378] "to produce a very strong pleasant or shocking feeling."
[379] "To affect with intense emotion, such as amazement, excitement, or shock."

tratar-se de uma EI totalmente idiomática, não sendo possível qualquer associação entre os elementos da expressão e o seu significado.

A tradução dessa EI é dificultada pela ambiguidade presente em toda a canção, pois, no texto-fonte, ela é utilizada com um significado diferente daquele encontrado nos dicionários, sendo aplicada, aparentemente, com um sentido literal. A primeira estrofe da canção foi retirada, possivelmente, de uma notícia de jornal que Pasta[380] afirma se tratar de uma reportagem sobre um milionário que havia cometido suicídio, porém para Turner[381] a descrição se refere a um acidente de carro ocorrido no final de 1966 envolvendo Tara Browne, um homem rico, amigo dos Beatles[382]. Segundo o autor[383]:

> Foi durante o período em que John refletia sobre qual versão de vocal usar em 'Strawberry Fields Forever' que Tara Browne morreu dirigindo em alta velocidade pela Earl's Court, Londres, nas primeiras horas de manhã. Afastado da esposa, Browne estava com a modelo Suki Portier em seu Lotus Elan, voltando para casa depois de uma noitada quando um Volkswagen saiu de uma rua lateral e atravessou o seu caminho. Ao desviar para evitar a colisão, o carro bateu numa van estacionada. Ele morreu no local devido a lacerações no crânio. Browne tinha 21 anos.

Em contrapartida, a própria canção foi censurada por se acreditar que fazia referência ao uso de drogas[384] — lembrando que todo o contexto dos Beatles na época da construção de SPLHCB girava em torno da psicodelia e do LSD (ver seção 3.1, no Capítulo 3).

Novamente estratégias diferentes para as duas traduções foram observadas. No texto de BHP, foi feito o uso, aparentemente, de uma

---

[380] PASTA, 2004, p. 261.

[381] TURNER, 2014, p. 211-213.

[382] Segundo Turner (2018, p. 370): "Tara Browne se tornou o sujeito que explodiu a cabeça num carro [blew his mind out in a car]. A história foi adornada — não havia farol no incidente (como em 'He didn't notice that the lights had changed' [Ele não notou que o sinal tinha ficado vermelho], e ele não era 'da Casa do Lordes' (embora seu pai fosse)."

[383] TURNER, 2018, p. 370.

[384] REVILLA, 1994, p. 44.

paráfrase levando em conta o sentido da expressão na forma como foi, possivelmente, utilizada no texto-fonte[385], considerando se tratar de um acidente de carro. LP traduziu a expressão por "estourou seus miolos". Embora essa seja uma expressão idiomática encontrada em PB — definida por Gurgel[386] como: "matar, agredir com muita violência" —, podemos entender como uma tradução literal da expressão-fonte, pois algumas características dessa tradução demonstram que a autora pode ter considerado o sentido literal, levando em conta a hipótese de se tratar de uma notícia de suicídio.

No segundo excerto referente ao trecho da composição atribuído a Paul McCartney, encontramos uma mesma expressão utilizada em duas situações distintas. A definição da expressão *find one's way* foi encontrada no dicionário on-line *the free dictionary,* utilizada em duas situações: i) *find one's way (around),* "ser capaz de mover-se por uma área sem se perder; ii) *find one's way (somewhere),* "descobrir a rota para um lugar"[387]. Trata-se de uma EI de fácil decodificação, e embora possa, nesse contexto, ser considerada, aparentemente, como uma expressão não idiomática, pois é possível deduzir, sem maiores problemas, o seu significado por meio de uma análise literal de seus elementos, essa expressão pode adquirir diferentes acepções em outros contextos assumindo um significado não literal, sendo, por essa razão, dicionarizada como uma EI[388].

LP traduziu a expressão literalmente nas duas vezes em que ela foi utilizada tanto para o sentido de subir as escadas como para o sentido de descer as escadas. A tradutora também acrescentou os

---

[385] Outra dificuldade em classificar a expressão ocorreu devido às diferenças encontradas no dicionário *Oxford Advanced Learner's Dictionary* (2000, p.122) e no dicionário on-line http://www.thefreedictionary.com, os quais apresentam distinções entre o verbo *blow* ("soprar") e o substantivo *blow* ("batida"). Na EI em inglês, o elemento *blow* é utilizado como verbo, porém na tradução para o português o sentido desse verbo foi traduzido pelo sentido do substantivo.

[386] GURGEL, J. B. Serra e. **Dicionário de Gíria**: Modismo linguístico – O Equipamento Falado do Brasileiro. 7. ed. Brasília: JB SERRA e GURGEL, 2005. p. 361.

[387] "to be able to move about an area satisfactorily without getting lost";" to discover the route to a place."

[388] Cowie, Macking e Mcaig (1994, p. 186) definem a expressão *find one's way (to sth)* como: chegar a um destino, ou objetivo através de procura, investigação, ou experimento; (jocoso) chegar, ser encontrado, em algum lugar de forma casual e inexplicada. Tradução minha de: "reach a destination, or objective, by search, inquiry or experiment; (facetious) arrive, be found, somewhere by fortuitous or unexplained means."

verbos descer/subir utilizado no gerúndio "descendo/subindo", ao final da expressão, para que fosse produzida a mesma significação de "escada acima/abaixo" encontrada no TF. BHP faz uso da categoria Tradução por correspondente não idiomático, traduzindo as duas ocorrências da EI por um único item lexical — nesse caso, descer/subir no passado, resultando em "desci/subi".

4.3. Resultados da análise

Os resultados obtidos no estudo feito para este trabalho apontam para uma tendência à utilização da Tradução por paráfrase, dentre as cinco categorias de análise aplicadas, conforme demonstrado no Gráfico 1 a seguir:

Gráfico 1 – Resultados da pesquisa

Fonte: o autor

As estratégias Tradução por correspondente pragmático e Tradução por EIs correspondentes não foram observadas na nossa fonte de dados, porém são categorias de análise igualmente válidas, podendo ser encontradas na tradução de letras de música de outros artistas, assim como na tradução do material textual de outras obras da vasta carreira dos Beatles.

De acordo com os critérios de análise estabelecidos, das 31 traduções estudadas, foram identificados os usos de Tradução por paráfrase em 18 ocorrências, representando, conforme o Gráfico 1, 58% das estratégias utilizadas. A Tradução literal ocorreu em oito expressões, correspondendo a 26% do total. Por último, a Tradução por correspondente não idiomático apresentou cinco ocorrências, o que equivale a 16% do total de estratégias observadas.

Essa tendência parece confirmar o que afirma Baker[389], para quem a Tradução por paráfrase é a mais utilizada na ausência de equivalentes na língua-alvo, ou quando o uso de uma expressão idiomática não é apropriado no texto de chegada. Essa estratégia também foi descrita por Francisco[390] e Xatara[391].

Pelo fato de as traduções terem sido realizadas com o intuito somente de fornecer informações sobre os significados das letras para o leitor/ouvinte, que não possui um conhecimento suficiente de língua inglesa, os tradutores tiveram maior liberdade para traduzir, o que pode ter contribuído para um uso maior de paráfrases. Ao levarmos em conta critérios musicais, ou seja, pensar os textos para serem utilizados em conjunto com uma melodia, para serem cantados, de acordo com os critérios apresentados por Peter Low, (ver Introdução), possivelmente um número maior de estratégias teria sido considerado e outros processos estariam envolvidos, provavelmente, trazendo mudanças significativas para o resultado final das traduções.

Neste último capítulo, apresentamos a análise das traduções das EIs encontradas nas letras de SPLHCB, na qual pudemos observar os grandes desafios enfrentados pelos tradutores, assim como atestar as dificuldades impostas na textualização dessas expressões para o português brasileiro.

---

[389] BAKER, 2011, p. 80.
[390] FRANCISCO, 2010.
[391] XATARA, 1998.

CONSIDERAÇÕES FINAIS

Ao longo da nossa pesquisa, buscou-se analisar a tradução das expressões idiomáticas que foram encontradas nas letras das músicas de *Sgt. Pepper's Lonely Hearts Club Band*, dos Beatles, considerado, por muitos, como um dos melhores discos da história da música contemporânea. Como vimos, a importância histórica da banda e a relevância do álbum para a história da música pop nos levaram à investigação de aspectos importantes observados no disco. Devido à sua complexidade musical e também textual, optamos por analisar, apenas, as letras do disco, deixando de fora do nosso escopo de trabalho o riquíssimo material musical presente em *Sgt. Pepper's* e que poderia ter contribuído, e muito, para um estudo mais profundo de toda a obra. Conforme apresentado no Capítulo 3 do livro, essa decisão ocorreu pelo fato de as traduções analisadas terem sido concebidas para privilegiarem somente o texto das canções, não sendo pensadas, dessa forma, para serem "encaixadas" em uma melodia ou mesmo para serem cantadas e/ou gravadas por algum músico ou banda brasileira. Dentro desses textos, optamos por analisar algumas estruturas da língua fortemente presentes no nosso cotidiano e que estão diretamente ligadas a aspectos sócio-histórico-culturais, ou seja, as expressões idiomáticas presentes na maioria das canções do álbum. Vimos que essas estruturas linguístico-discursivas são enunciados de significado não literal e consagradas por meio do uso. Para a análise das traduções dessas expressões, foi necessário um estudo de várias estratégias propostas por diferentes pesquisadores, nacionais e internacionais, e a partir dessas chegamos a cinco soluções de tradução após uma análise das características oferecidas pela teoria revisada e que utilizamos para testar a viabilidade das categorias propostas para o estudo específico de traduções de EIs.

Após o desenvolvimento desse estudo, retomamos as perguntas de pesquisa feitas no início deste trabalho: como as expressões idiomáticas de *Sgt. Pepper's Lonely Hearts Club Band* são textualizadas no contexto brasileiro? Quais são as estratégias mais utilizadas pelos tradutores? Quais os resultados das traduções das EIs para o PB?

Para a primeira pergunta, foi observado o uso de diferentes estratégias de tradução de EIs para tentar trazer para o contexto brasileiro as mesmas significações, ou ao menos significações próximas às produzidas pelas expressões idiomáticas em língua inglesa. Porém, como o nosso objeto de estudo foi o produto final dessas traduções, não foi possível saber quais os motivos que levaram os tradutores a escolherem entre uma ou outra estratégia, pois não foi possível entrar em contato com esses tradutores impossibilitado, portanto, a realização de qualquer estudo relacionado aos processos mentais acionados durante a tradução.

Para a segunda pergunta de pesquisa, dentro das cinco categorias de análise propostas, verificamos o uso de três dessas categorias em toda a nossa fonte de dados, sendo que encontramos um maior número de ocorrências da Tradução por paráfrase, reforçando, dessa forma, o que afirma Baker[392], que considera esta a mais utilizada quando não é possível encontrar correspondência na língua-alvo, ou quando, por questões de estilo, o uso de uma EI não é adequado. Talvez essa preferência se justifique também por termos pesquisado traduções que foram concebidas apenas para a compreensão do conteúdo textual da canção, privilegiando, desse modo, o sentido da letra da canção, sem terem sido considerados outros aspectos inerentes a uma composição musical cantada.

Finalmente, para a terceira pergunta de pesquisa, podemos inferir que o resultado das traduções foi bastante influenciado pelas propostas dos tradutores. Conforme mencionado acima, as traduções não foram pensadas para serem gravadas, sendo considerado apenas o texto das canções, ficando de fora elementos musicais importantes e que, provavelmente, mudaria de forma significativa o resultado do trabalho tradutório. Observamos que por questões autorais não foi possível encontrar um material completo traduzido dos Beatles. Essas questões influenciaram diretamente o trabalho de Leda Pasta que

---

[392] BAKER, 2011.

produziu suas traduções em forma de comentários, o que dificultou a análise devido ao estranhamento causado pela textualização de algumas EIs para o português, com algumas expressões traduzidas literalmente, mescladas com algumas paráfrases. Para as traduções do site *Beatles HP* e de Márcio Borges, observou-se uma preocupação maior com o estilo da escrita. Embora ainda seja possível perceber alguma literalidade em alguns trechos, os tradutores procuraram produzir textos similares a uma letra de canção, mesmo sem terem sido considerados critérios musicais. As significações produzidas pelas EIs traduzidas podem ter sido influenciadas, diretamente, pelo estilo das traduções, sendo textualizadas de acordo com a forma na qual essas traduções se apresentaram.

Os resultados desta pesquisa não são resultado definitivos, pois não foram analisados outros aspectos inerentes às canções, tais como a cantabilidade das letras, ou seja, tornar esse material adequado para ser cantado, assim como não foram explorados outros aspectos musicais, tais como melodia e prosódia musical. Também não fez parte do nosso escopo o estudo de outras características pertencentes ao gênero letra de música. Entre essas características, que não foram exploradas, estão algumas especificidades textuais relacionadas a eventuais elementos poéticos, tais como metro e rima. Outro fator limitador deste trabalho foi a impossibilidade de um estudo mais aprofundado das expressões idiomáticas que nos permitisse compreender melhor o porquê de as expressões analisadas terem se cristalizado na forma e com o sentido com as quais elas se apresentaram na língua-fonte. Para tanto um estudo diacrônico profundo poderia ter contribuído para a compreensão desses aspectos.

Alguns pontos que não foram aqui abordados, em função do recorte da pesquisa, podem ser indicados para futuros estudos, dentre eles:

- Verificar como seriam realizadas as traduções das EIs em letras de música para serem cantadas, além de observar quais estratégias seriam utilizadas ao serem considerados também critérios musicais nessas traduções;

- Observar outras estratégias possíveis em uma fonte de dados maior;
- Realizar um estudo diacrônico sobre a formação das EIs em diferentes línguas;
- Verificar como ocorrem as traduções de outros enunciados de formação sócio-histórico-cultural, como provérbios e gírias, e observar quais estratégias são utilizadas para traduzir tais expressões em uma letra de música.

O mais importante, para fins desta pesquisa, é que a realização da investigação nos moldes construídos aponta para a viabilidade dos quadros teórico e metodológico para o estudo realizado.

Esperamos ter contribuído, de maneira pontual, para os Estudos da Tradução a partir de uma nova perspectiva sobre as estratégias de tradução de EIs aplicadas ao componente textual de uma canção, oferecendo, desse modo, novas reflexões que poderão colaborar para pesquisas futuras.

REFERÊNCIAS

ALÉM de 'Império', outras novelas tiveram músicas dos Beatles. **G1**, 22 jul. 2014. Disponível em: https://g1.globo.com/musica/noticia/2014/07/alem-de-imperio-outras-novelas tiveram-musicas-dos-beatles-ouca.html. Acesso em: 7 jan. 2024.

ALLORTO, Ricardo. **Breve Dicionário da Música**. Lisboa: Edições, 2007.

AYTO, John. **Oxford Dictionary of English Idioms**. Oxford: Oxford University Press, 2009.

BACHE, Carl. Hjelmslev's Glossematics: A source of inspiration to Systemic Functional Linguistics? **Journal of Pragmatics**, v. 42, n. 9, p. 2562-2578, 2010.

BAKER, Mona. **In Other Words**: A coursebook on translation. 2. ed. London and New York: Routlege, 2011.

BART After Dark. **Wikipédia**. Disponível em: https://en.wikipedia.org/wiki/Bart_After_Dark. Acesso em: 9 jan. 2024.

BERTI, Eduardo Henrique. **Beatles Home Page**. Disponível em: http://www.beatleshp.com/traduz.htm. Acesso em: 15 out. 2012.

BLAKE, Peter. Notes on the cover by Peter Blake, in: **THE BEATLES. Sgt. Pepper's Lonely Hearts Club Band**. London: EMI, 1967 (2009). 1 disco sonoro, 33 ⅓; 12 pol

BRANDÃO, Antônio Carlos; DUARTE, Milton Fernandes. **Movimentos Culturais de Juventude**. 13. Ed. São Paulo: Editora Moderna, 1994.

CALDAS-COULTHARD, Carmen Rosa. Da Análise do Discurso à Análise Crítica do Discurso: introduzindo conceitos. *In*: CALDAS-COULTHARD, C. R.; SCLIAR-CABRAL, L. (org.). **Desvendando Discursos**: conceitos básicos. Florianópolis: Editora UFSC, 2007.

CAMACHO, Beatriz Facicani.; RIVA, Huélinton Cassiano. Expressão idiomática: uma unidade fraseológica. *In*: BARROS, L. A.; ISQUERDO, N. A. (org.). **O léxico em foco**: múltiplos olhares. São Paulo: Editora UNESP, 2010.

CÂMARA JR., Joaquim Mattoso. **Dicionário de lingüística e Gramática**: Referente à Língua Portuguesa. 18. ed. Petrópolis: Vozes, 1997.

CARTER, Ronald. **Vocabulary**: Applied Linguistics Perspectives. 2. ed. London: Routledge, 1998.

CASTILHO, Ataliba T. de. **Nova gramática do português brasileiro**. São Paulo: Editora Contexto, 2010.

CHESTERMAN, Andrew. **Memes of translation**: the spread of ideas in translation theory. Philadelphia: John Benjamins Publishing, 1997.

COLLINS COBUILD ENGLISH USAGE. Glasgow: Harper Collins Publishers, 2004.

COWIE, A. P.; MACKING, R.; MCAIG, I. R. **Oxford Dictionary of English Idioms**. 3. ed. Oxford: Oxford University Press, 1994.

FAWCET, Peter. **Translation and Language**: Linguistics Theories Explained. Manchester: St. Jerome, 1997.

FERNANDO, Chitra. **Idioms and idiomaticity**. Oxford: Oxford University Press, 1996.

FRANCISCO, Reginaldo. **Reis Caolhos e Cajadadas em Coelhos**: a questão da tradução de provérbios e expressões idiomáticas. Dissertação (Mestrado em Estudos da Tradução) – Programa de Pós-graduação em Estudos da Tradução, Universidade Federal de Santa Catarina, Florianópolis, 2010.

GONZÁLEZ DAVIES, Maria. **Multiple voices in the Translation Classroom**. Amsterdam/Philadelphia: John Benjamins, 2004.

GURGEL, João Bosco Serra e. **Dicionário de Gíria**: Modismo linguístico – O Equipamento Falado do Brasileiro. 7. ed. Brasília: JB SERRA e GURGEL, 2005.

HALLIDAY, M. A. K.; MATTHIESSEM, Christian. M. I. M. **An Introduction to Functional Grammar**. 3. ed. London: Hodder Arnold, 2004.

HATIM, Basil. **Teaching and Researching Translation**. Edimburgh: Longman, 2001.

HATIM, Basil; MUNDAY, Jeremy. **Translation**: An advanced resource book. London/New York: Routledge, 2004.

HORNBY, A.S. **Oxford Advanced Learner's Dictionary**. 6. ed.. Oxford: Oxford University Press, 2000.

HOUAISS, Antônio. **Dicionário Houaiss da língua portuguesa**. Rio de Janeiro: Objetiva, 2001.

HURTADO ALBIR, Amparo. **Traducción y Traductologia**: Introducción a la Traductologia. Madrid: Editora Cátedra, 2011.

KOSTER, Cees. The translator in between texts: on the textual presence of the translator as an issue in the methodology of comparative translation description. *In*: RICCARDI, Alessandra (ed.). **Translation Studies**: Perspectives on an Emerging Discipline. Cambridge: Cambridge University Press, 2002.

KRESS, Gunther; LEEUWEN, Theo van. **Reading Images**: The Grammar of Visual Design. 2. ed. London/New York: Routlege, 2006.

KRINGS, Hans P. Translation Problems and Translation Strategies of Advanced German Learners of French (L2). *In*: HOUSE, Juliane; BLUM-KULKA, Shoshana (ed.). **Interlingual and Intercultural Communication**: Discourse and Cognition in Translation and Second Language Acquisition Studies. Germany: GNV, 1986.

JUNIOR, Jacidio. Beatles | 50 anos de Sgt. Pepper's Lonely Hearts Club Band. **Omelete**, 29 jun. 2018. Disponível em: https://www.omelete.com.br/paul-mccartney/beatles-50-anos-de-sgt-peppers-lonely-hearts-club-band. Acesso em: 7 jan. 2024.

LEONARD, Hal. **Dicionário Musical de Bolso**. Tradução de Edgard de Brito Chaves Jr. Rio de Janeiro: Ed. Gryphus, 1996.

LOW, Peter. Singable translation of songs. **Perspectives**, v. 11, n. 2, p. 87-103, 2003.

MAL Evans. **Wikipédia**. Disponível em: https://en.wikipedia.org/wiki/Mal_Evans. Acesso em: 10 jan. 2024.

MARCELO Duarte entrevista a escritora Elaine de Almeida Gomes, especialista nos Beatles. **Megaplayer**. Disponível em: http://www.megaplayer.com.br. Acesso em: 16 abr. 2013.

MARTINS, Sérgio; TOSO, André. A cara dos anos 60, 70, 80, 90. **Bravo!**, São Paulo, ED.1, Especial, out. 2009.

MATEUS, Maria Helena Mira; XAVIER, Maria Fransica. **Dicionário de Termos Linguísticos, Vol. II – Associação Portuguesa de Linguística**. Lisboa: Edições Cosmos, 1992.

MATTOS, Fernando Lews de. **Prosódia Musical**. Disponível em: http://prolicenmus.ufrgs.br/repositorio/moodle/material_didatico/ext_musicalizacao/un71/links/prosodia_musical.pdf. Acesso em: 25 ago. 2014.

MCCARTHY, Michael; O'DELL, Felicity. **English Idioms in Use**: Third Printing. Cambridge: Cambridge University Press, 2003.

McCARTNEY, Paul. **THE BEATLES. Sgt. Pepper's Lonely Hearts Club Band**. London: EMI, 1967 (2009). 1 disco sonoro, 33 ⅓; 12 pol

MEET the wife. **British Comedy Guide**. Disponível em: https://www.comedy.co.uk/tv/meet_the_wife/. Acesso em: 11 jan. 2024.

MEINBERG, Adriana Fiuza. **Tradução e Música**: versões cantáveis de canções populares. Dissertação (Mestrado em Linguística Aplicada) – Instituto de Estudos da Linguagem, Universidade Estadual de Campinas, Campinas, 2015.

MELLER, Lauro. **(Não) Tem Tradução**: as canções de Noel Rosa em inglês, segundo o Princípio do Pentatlo, de Peter Low. Projeto de Pesquisa. Natal: Universidade Federal do Rio Grande do Norte, 2023.

MILES, Barry. **O diário dos Beatles**: um retrato profundo da maior banda de todos os tempos. Tradução de Cláudia Coelho. São Paulo: Madras, 2010.

MITCHELL, Adrian. **Paul McCartney**: Poemas e Letras 1965 – 1999. Tradução de Márcio Borges. São Paulo: Geração Editorial, 2001.

MOLINA, Lucía; HURTADO ALBIR, Amparo. Translation Techniques Revisited: A Dynamic and Functionalist Approach. **Meta**, XLVII, 4, 2002.

MOREIRA, Marcelo. Edição de luxo de "Sgt Pepper's", dos Beatles, tem 4 CDs, um DVD e um livro de 144 páginas. **UOL**, 13 jun. 2017. Disponível em: https://combaterock.blogosfera.uol.com.br/2017/06/13/edicao-de-luxo-de--sgt-peppers-dos-beatles-tem-4-cds-um-dvd-e-um-livro-de-144-paginas/. Acesso em: 7 jan. 2024.

MUGGIATI, Roberto. **A Revolução dos Beatles**. Rio de Janeiro: Ediouro, 1997.

MUNDAY, Jeremy. **Introducing Translation Studies**: Theories and Applications. London/New York: Routledge, 2001.

NAÇÃO Nordestina. **Wikipédia**. Disponível em: https://pt.wikipedia.org/wiki/Na%C3%A7%C3%A3o_Nordestina. Acesso em: 9 jan. 2024.

NEWMARK, Peter. **A textbook of translation**. Hertforshire: Prentice Hall, 1988.

OSIAS, Silvio. Stones, Zappa, Zé. "Sgt. Pepper" inspirou outras capas. **Jornal da Paraíba**, 22 maio 2017. Disponível em: https://jornaldaparaiba.com.br/noticias/stones-zappa-ze-sgt-pepper-inspirou-outras-capas/. Acesso em: 9 jan. 2024.

OWJI, Zohre. Translation strategies: a review and comparison of theories. **Translation Theory**, v. 17, n. 1, 2013. Disponível em: http://translation-journal.net/journal/63theory.htm. Acesso em: 13 maio 2014.

PALUMBO, Giuseppe. **Key Terms in Translation Studies**. London: Continuum International Publishing, 2009.

PARELES, Jon. The Beatles' 'Sgt. Pepper's Lonely Hearts Club Band' at 50: Still Full of Joy and Whimsy. **New York Times**, 30 maio 2017. Disponível em: https://www.nytimes.com/2017/05/30/arts/music/beatles-sgt-peppers-lonely-hearts-club-band-anniversary.html. Acesso em: 7 jan. 2024.

PASTA, Leda. **The Beatles**: letras e canções comentadas. São Paulo: Lira Editora, 2004.

REFERÊNCIAS Beatles nos Simpsons. **Beatles Brasil** Disponível em: http://beatlesbrasil.coolpage.biz/beatles-simpsons.php. Acesso em: 9 jan. 2024.

REVILLA, Jorge L. **The Beatles**: Yesterday's Future. Valencia: Editorial La Mascara, 1994.

ROCHA, Natanael F. F. **Olha que coisa mais linda**: As Traduções da Canção Garota de Ipanema em Inglês, Alemão, Francês e Italiano sob a Ótica do Sistema de Transitividade. Dissertação (Mestrado em Estudos da Tradução) – Programa de Pós-graduação em Estudos da Tradução, Universidade Federal de Santa Catarina, Florianópolis, 2013.

RONDEAU, José Emílio [1985]. Ineditismo, revolução e um imenso pasmo. **Bizz**, São Paulo, ED.1, Especial, abr. 2003.

SANTOS, Fernanda. Beatles, Sempre. **Bravo!**, São Paulo, ED.1, Especial, out. 2009.

SANTOS, Liliane. Sobre o ensino da tradução das expressões idiomáticas: algumas reflexões. **Caderno Seminal Digital**, Rio de Janeiro, Dialogarts, Ano 18, n. 18, jul./dez. 2012.

SGT. Pepper's Lonely Hearts Club Band. **Wikipédia**. Disponível em: https://pt.wikipedia.org/wiki/Sgt._Pepper%27s_Lonely_Hearts_Club_Band. Acesso em: 23 mar. 2024.

SETZ, Raquel. Falando na Canção. **Revista +Soma#21**. 17 dez. 2010. Disponível em: https://issuu.com/maissoma/docs/soma21. Acesso em: 20 mar. 2024.

SONGFACTS. Disponível em: http://www.songfacts.com/. Acesso em: dez. 2013.

SILVA, Moisés Batista da. Uma palavra só não basta: Um estudo teórico sobre as unidades fraseológicas. **Revista de Letras – UFC**, Fortaleza, v. 1/2, n. 28, jan./dez. 2006.

TAGNIN, Stella E. O. A tradução de idiomatismos culturais. **Trabalhos em lingüística aplicada**, Campinas, v. 11, n. 1, 1988.

TAGNIN, Stella E. O. **O jeito que a gente diz**: expressões convencionais e idiomáticas – inglês e português. São Paulo: Disal, 2005.

THE BEATLES, letras e canções comentadas – Reloaded. **Canal dos Beatles**. Disponível em: https://canaldosbeatles.wordpress.com/2011/03/12/the-beatles-letras-e-cancoes-comentadas-%E2%80%93-reloaded-2/. Acesso em: 23 mar. 2024.

THE BEATLES: **Life in Pictures**. Bath: Parragon Books, 2010.

THE BEATLES. **Sgt. Pepper's Lonely Hearts Club Band**. London: EMI, 1967 (2009). 1 disco sonoro, 33 ⅓; 12 pol.

TURNER, Steve. **Beatles 1966**: O Ano Revolucionário. Tradução de Marcelo Hauck. São Paulo: Benvirá, 2018.

TURNER, Steve [2009]. **The Beatles**: A história por trás de todas as canções. 4. reimpr. Tradução de Alyne Azuma. São Paulo: Cosac Naify, 2014.

VAN LEEUWEN, Theo. **Speech, Music, Sound**. London: Macmillan, 1999.

VENUTI, Lawrence. Strategies of translation. *In*: BAKER, M. **Routledge Encyclopedia of Translation Studies**. London: Routledge, 2001.

VINAY, Jean-Paul; DARBELNET, Jean. **Comparative Stylistics of French and English**: A methodology for translation. Amsterdam/Philadelphia: John Benjamins Publishing Company, 1995.

XATARA, Cláudia Maria. **A tradução para o português de expressões idiomáticas em francês**. Tese (Doutorado em Letras: Linguística e Língua Portuguesa) – Faculdade de Ciências e Letras, Universidade Estadual Paulista, Araraquara, 1998.

XATARA, Cláudia Maria. O resgate das expressões idiomáticas. **Alfa**, UNESP, n. 39, p. 195-210, 1995.

XATARA, Cláudia Maria; RIVA, Huélinton Cassiano; RIOS, Tatiana Helena. As dificuldades na tradução de idiomatismos. **Cadernos de Tradução**, v. 2, n. 8, p. 183-194, UFSC, 2001.

WE'RE Only in It for the Money. **Wikipédia**. Disponível em: https://en.wikipedia.org/wiki/We%27re_Only_in_It_for_the_Money. Acesso em: 9 jan. 2024.

APÊNDICES

Excertos das letras contendo expressões idiomáticas e suas respectivas traduções.

Música	EI (s)	PASTA	BEATLES HP	BORGES
1. Sgt. Pepper's Lonely Hearts Club Band	It was twenty years ago today Sgt. Pepper taught the band to play They've been going in and out of style But they're guaranteed to raise a smile	Hoje faz vinte anos que o Sargento Pimenta ensinou a banda a tocar. O grupo tem entrado e saído de moda, mas garante que provoca um sorriso.	Isso foi há vinte anos atrás O Sargento Pimenta ensinava a banda a tocar Eles estavam um pouco fora do estilo Mas eles garantiam fazer-nos sorrir	Há vinte anos do dia de hoje Foi que o Sargento Pimenta ensinou a banda a tocar Eles vêm entrando e saindo de moda, Mas é garantido que fazem sorrir.
2. With a Little Help From My Friends	What would you think if I sang out of tune Would you stand up and walk out on me Lend me your ears and I'll sing you a song And I'll try not to sing out of key	Pergunta o que uma pessoa acharia se ele cantasse fora do tom, se esta pessoa se levantaria e o acompanharia? Pede que ela empreste a ele seus ouvidos, ele vai cantar para ela e vai tentar não desafinar.	O que você pensaria se eu cantasse desafinado Você se levantaria e viria em mim Me empreste suas orelhas e eu cantarei uma canção para você E eu tentarei não cantar fora do tom	X

131

3. Lucy in the Sky with Diamonds	Cellophane flowers of yellow and green <u>Towering over your head</u> Look for the girl with the sun in her eyes and she's gone	Flores de celofane, amarelas e verdes, <u>crescem como torres sobre sua cabeça</u>. Procure a garota que tem o sol nos olhos e ela se foi.	Flores de celofane em amarelo e verde <u>Erguendo sobre sua cabeça</u> Procurando pela garota com o sol nos seus olhos E ela se foi	X	
4. Getting Better	N.E.				
5. Fixing a Hole	N.E.				
6. She's Leaving Home	N.E.				
7. Being for the Benefit of Mr. Kite!	The band begins at ten to six when Mr. K performs his tricks without a sound And Mr. H will demonstrate ten summersets he'll undertake on solid ground Having been some days in preparation a splendid time is guaranteed for all And tonight Mr. Kite is <u>topping the bill</u>	A banda começa ás dez para as seis, quando o Sr. K. realiza seus truques sem um som. E o Sr. H. vai fazer uma demonstração virando dez cambalhotas no chão. Depois de alguns dias de preparação, é garantido que todos vão passar um tempo esplêndido E esta noite o Sr. Kite é a <u>atração principal</u>.	X	X	

8. Within You Without You	N.E			
9. When I'm Sixty-Four	Every summer we can rent a cottage in the Isle of Wight, if it's not too dear We shall <u>scrimp and save</u> Grandchildren on your knee Vera, Chuck, and Dave	Eles podem alugar um chalé na Ilha de Wright todo verão, se não for muito caro. Eles deverão <u>economizar e poupar</u>. Os netos no colo dela, Vera, Chuck e Dave	Todo verão nós podemos alugar um chalé na Ilha de Wight, se não for muito caro Nós podemos <u>economizar, juntar dinheiro</u> Netos no nosso joelho Vera, Chuck e Dave	Todo verão podemos alugar um chalé na Ilha de Wight Se não for muito caro; Podemos <u>racionar e economizar</u>, Os netinhos em seu colo - Vera, Chuck e Dave.
	Send me a postcard, <u>drop me a line</u> stating point of view indicate precisely what you mean to say yours sincerely wasting away	Ele pede que ela lhe mande um cartão postal, <u>escreva uma linha</u>, expondo um ponto de vista, indicando precisamente o que ela quer dizer, atenciosamente, dispensando,	Mande-me um cartão-postal, <u>escreva uma linha</u> Expressando seu ponto de vista Explique precisamente o que você quer dizer Com sinceridade,	Mande-me um postal, <u>rabisque uma linha</u>, Declarando ponto de vista, Indique precisamente o que quer dizer Sinceramente sua, estou me esgotando.
10. Lovely Rita	Lovely Rita meter maid nothing can come between us When it gets dark I <u>tow your heart away</u>	A canção é para a adorável Rita, funcionária do parquímetro. Ele diz que nada pode separá-los. Quando escurece, ele <u>guincha o coração dela</u>.	Adorável Rita, guarda de trânsito Nada pode ficar entre nós Quando ficar escuro eu <u>reboco o seu coração</u>	Adorável Rita, fiscal do estacionamento, Nada se colocará entre nós Quando escurecer eu <u>reboco seu coração</u>.

11. Good Morning Good Morning	Nothing to do to save his life call his wife in Nothing to say but what a day how's your boy been? Nothing to do, <u>it's up to you</u> I've got nothing to say but it's O.K.	Nada a fazer para salvar a vida dele, chame a mulher dele pra dentro. Nada a dizer, mas que dia, como seu menino tem passado? Nada a fazer, <u>é com você</u>. Eu não tenho nada a dizer mas tudo bem.	Nada a fazer para salvar a vida dele Chame sua esposa Nada para dizer, mas que dia Como está seu garoto? Nada para fazer, <u>é você quem decide</u> Eu não tenho nada para dizer, mas tudo bem.	X
12. Sgt. Pepper's Lonely Hearts Club Band (Reprise)	N.E.			

13. A day in the Life	I read the news today oh, boy About a lucky man who <u>made the grade</u> And though the news was rather sad Well, I just had to laugh I saw the photograph He <u>blew his mind out in a car</u> He didn't notice that the lights had changed A crowd of people stood and stared They'd seen his face before Nobody was really sure if he was from the House of Lords	Ele diz que leu os jornais hoje, sobre um homem de sorte que <u>tinha uma boa grana</u>. E apesar da notícia ser bem triste, ele simplesmente teve que rir. Ele viu a foto. O homem <u>estourou seus miolos dentro de um carro</u>, não notou que o semáforo tinha mudado. Uma multidão parou e ficou olhando. As pessoas tinham visto a cara dele antes, ninguém tinha certeza se ele era da Casa dos Lordes.	Eu li as notícias hoje, oh cara Sobre um homem sortudo que <u>se deu bem</u> E apesar das notícias serem bem tristes Bom, eu tive de rir Eu vi a fotografia. Ele <u>estourou sua cabeça num carro</u> Ele não percebeu que o sinal havia mudado Uma multidão parou e ficou olhando Eles já haviam visto aquele rosto antes Ninguém tinha muita certeza se ele era da Câmara dos Lordes	X

	Woke up, fell out of bed	Diz que acordou,	Acordei, saí da cama	X
	Dragged a comb across my head	saiu da cama, arrastou um pente pela cabeça.	Passei um pente nos meus cabelos	
	Found my way downstairs and drank a cup	Encontrou seu rumo descendo a escada e tomou uma xícara.	Desci as escadas e tomei um café	
	And looking up I noticed I was late	Olhando pra cima, notou que estava atrasado.	E quando melhorei, percebi que estava atrasado,	
	Found my coat and grabbed my hat	Encontrou seu paletó e agarrou seu chapéu,	Encontrei meu casaco e peguei meu chapéu	
	Made the bus in seconds flat	alcançou o ônibus no segundo exato.	Tomei um ônibus em segundos	
	Found my way upstairs and had a smoke,	Encontrou seu rumo subindo a escada e deu uma fumada.	Subi para o andar de cima e fumei um cigarro	
	Somebody spoke and I went into a dream	Alguém falou e ele foi pra dentro de um sonho.	E alguém falou e eu comecei a sonhar.	

N.E. – Expressão idiomática não encontrada

X – A música não foi traduzida pelo autor